陪孩子告别网瘾

程瑞鹏 著

中国铁道出版社有限公司
CHINA RAILWAY PUBLISHING HOUSE CO., LTD.

图书在版编目（CIP）数据

陪孩子告别网瘾 / 程瑞鹏著 .— 北京：中国铁道出版社
有限公司，2023.3
（有方法的父母不焦虑）
ISBN 978-7-113-29014-6

Ⅰ.①陪… Ⅱ.①程… Ⅲ.①互联网络－影响－儿童－
研究②儿童教育－家庭教育 Ⅳ.① C913.5 ② G78

中国版本图书馆 CIP 数据核字（2022）第 051377 号

书　　名：**陪孩子告别网瘾**
作　　者：程瑞鹏

责任编辑：陈晓钟　　　　　　　　**读者热线：**（010）51873697
封面设计：仙　境
责任校对：刘　畅
责任印制：赵星辰

出版发行：中国铁道出版社有限公司（100054，北京市西城区右安门西街 8 号）
印　　刷：天津嘉恒印务有限公司
版　　次：2023 年 3 月第 1 版　2023 年 3 月第 1 次印刷
开　　本：880 mm×1 230 mm　1/32　**印张：**7　**字数：**144 千
书　　号：ISBN 978-7-113-29014-6
定　　价：59.00 元

序　言

提到孩子上瘾的问题，家长们往往是捶胸顿足但又无计可施。

的确，对于在某件事物上已经完全成瘾、达到疯狂状态的人来说，帮他们彻底戒除确实很难。

但值得庆幸的是，现实中陷入这种状态的人其实寥寥无几，尤其是家长所认为的孩子手机、游戏上瘾，严格来讲，根本没有达到成瘾的程度。

也就是说，即使你的孩子整天忘乎所以地上网，为了打游戏不去上课，也还是有"救"的，况且，大多数孩子并没有到这种地步。

央视就曾播放过一个初中辍学、整天沉迷网络的孩子的纪录片，片中那个外表看上去十分叛逆的少年，在镜头下袒露出了自己的另一面：

他说，他觉得父母管得太多。

他喜欢骑行，但即使 16 岁了父母也不允许他骑远一点；

他喜欢宠物，买回来的小狗却被父母扔了出去；

他的衣食住行几乎都是父母安排好，自己没一点发言权。

他觉得自己一直在父母的想法下生活，没有自己的思想。这样就算去上学、去学习，又有什么意义呢？

当然，说这个事例，并不是要把孩子上瘾归咎于父母的教育，很多教育良好的家庭中的孩子也会有上瘾行为，比如游戏上瘾。很多娱乐 App、游戏都是在对人性研究的基础上设计出来的，每一个接触到它们的人都有极大可能会喜欢上进而迷恋上。

还有一个事实是，上瘾其实也有消极和积极之分，同样是对游戏上瘾，有的人能在玩游戏的过程中设计出一款新游戏，而有的人却整天浑浑噩噩沉浸在游戏中无法自拔。积极上瘾不但不会破坏孩子的主观能动性，不会让其心智迷失，不会让其沉迷于幻想世界，还会让他更积极向上地生活，追求更高的理想。

所以，作为家长，我们应该意识到，"上瘾"本质上只是一种症状，而非问题本身。

也就是说，容易消极成瘾的孩子，他身上势必存在更多的"缺陷"和"弱点"，因此才会让各种消极的"瘾"乘虚而入。

心理学家彭凯平说："很多父母看到了孩子，却没有真正看见孩子。"是的，大多数家长只是看到了孩子在长时间地玩手机、打游戏，觉得这样会伤害眼睛、伤害身体、影响学习，但很少有人去回想去反思，究竟是什么导致了他这样。

上瘾其实并不可怕，可怕的是病急乱投医。与其去纠结"上瘾"，不如去重点关注"上瘾背后的问题"。如果能找到背后的根源，那成瘾问题便迎刃而解了。

解决上瘾问题，不能把孩子封闭起来不断地敲打和抨击孩子，而应该为孩子打开更广阔的世界，努力让更多美好涌入，进而冲淡电子产品、网络、游戏对孩子的诱惑力，并在这一过程中不断修复和重塑孩子缺失的东西。

一味地阻止孩子玩手机、玩电脑、打游戏，像防贼一样地看着他，并不能从根源上解决问题。只有当孩子本身变得独立完整、无懈可击时，才能彻底摆脱那些容易让人迷失和沉沦的事物。

本书正是通过剖析孩子的消极上瘾行为，发现其背后的根本问题，并据此给出一定的解决方法和建议，最终让孩子从消极上瘾转向积极生活。

对于那些害怕孩子成瘾的家长而言，这本书会让你更清楚如何预防孩子上瘾；对于那些认为孩子已经成瘾的家长而言，这本书会带给你一些新的问题处理思路。

我们的目的并不是让孩子彻底与电子产品和游戏隔绝，而是让他们从不好的状态和心理走出来，学会自我控制和忍耐，学会自己对自己的人生负责。

目　录

第四章 解决上瘾第二步，教孩子科学使用电子产品

第五章 积极上瘾，引导孩子从网瘾慢慢向学习上瘾过渡

第六章 学习上瘾，让孩子养成自主学习的好习惯

后 记 对于成瘾问题，预防比问题出现后再去解决更重要

第一章

关于成瘾，你所不了解的

第1节 什么是成瘾？孩子为什么会行为成瘾

提及成瘾，大多数人会想到毒品、烟草和酒精，这些物质很容易让人成瘾，并且很难戒掉。而在这些物质成瘾之外，还有一些行为成瘾，它们不仅难以戒断，还很难被察觉。

最近家庭聚会时，我发现弟弟家的小男孩很喜欢往玩手机的人身边凑，他不会吵闹着要玩手机，但就是喜欢盯着别人的手机看。

平时在家时，弟弟对孩子管得很严，会限制孩子使用电子设备的时间，但因为上网课的需要，又不能完全不让孩子接触电子设备。时间一长，孩子便对这些电子设备起了兴致，在上网课之外，也总会想尽办法多用一会儿。

弟弟家的小男孩对电子设备成瘾了吗？从我的观察来看，孩子并没有达到成瘾的程度，只是对功能多样的电子设备产生了强烈的好奇，就好像小孩子第一次吃到甜甜的奶油蛋糕后，还想继续多吃几口一样。

成瘾作为一种不正常的精神状态，想要定义它是很困难的，心理学上一般会从症状表现对其进行判断。其中，物质成瘾表现为对成瘾物质具有强烈的渴求与冲动，减少或停止物质摄入会使人周身不适、烦躁易怒，甚至出现睡眠障碍等问题。

对于物质成瘾，大多数人的认知还是较为全面的，这种情况在小孩身上也较少出现，即使出现了，在采用一定的强制方法后，也能取得较好效果。相比于物质成瘾，行为成瘾就没那么好察觉、好控制了。

行为成瘾表现为明知自己的行为有害却又无法有效自控，成瘾者对这些行为有着非常强烈的渴望与冲动。上网成瘾、赌博成瘾、购物成瘾、电子游戏成瘾……这些都属于行为成瘾的范畴。

小孩子因为认知有限，很难对自己的行为是否有害进行准确判断，即使做出有害行为，他们也很难有效进行自我管控，这便需要父母对孩子的行为活动及后续发展进行评估与判断，及时介入，导正孩子的行为。为此，作为父母，我们必须要先搞清楚孩子为什么会行为上瘾。

大多数人戒不掉毒瘾、烟瘾，并不是他们的意志力不够强，而是因为真正成瘾后，他们的大脑发生了一些改变，这些改变深刻影响了他们的判断力和控制力。孩子行为上瘾也是如此，某种行为"劫持"了孩子的大脑，让本就缺少判断力和自控力的孩子，完全丧失了自我控制的能力。

关于成瘾的生物学成因，学术界一直都在研究，得出了许多不同的结论。

有的研究认为成瘾物质（行为）会损害人体大脑中的前额叶皮质

与杏仁核，前者负责人的判断与控制能力，后者则负责人的情绪功能。所以，成瘾者通常会无法自控，并且出现焦虑、易怒的情绪。

也有研究认为成瘾物质（行为）会促进多巴胺的分泌，从而启动大脑内部的奖励回路，让人产生强烈的快感。一些有趣的电子游戏能够刺激孩子的大脑分泌多巴胺，让孩子获得快感，进而越发沉迷于游戏。

一旦某种行为"劫持"了孩子的大脑，孩子就会对这种行为产生依赖，因为从这种行为中他能获得快乐。小孩子喜欢玩电子游戏，是因为他们能从中获得快感与愉悦，如果只是"喜欢"那还不算成瘾，但若有向"沉迷"发展的趋势，父母就要提高警惕了。

除了生物学方面的成因，儿童行为成瘾也有一些心理学方面的成因，主要包括依恋关系和家庭影响两个方面。相比于成瘾在生物学方面的成因，父母更需要注重这两方面的因素。

一、依恋关系

处于低年龄段的孩子需要与外界事物建立依恋关系，这会让他们感到安全。婴幼儿阶段的孩子需要食物、爱抚和关注，他们会用哭闹、踢腿来表达这些需求，父母多会满足婴幼儿的各类需求。

但随着孩子年龄的增长，父母对孩子的关注就"变淡"了，食物管够，但爱抚却少了许多。这时候，孩子也会用哭闹、要赖的方式来表达自己的需求，父母可以一次两次拒绝孩子的"任性胡闹"，但如果**持续拒绝孩子的需求，孩子便会另外去寻找一些物质或行为，并与其建立依恋关系，进而形成一种成瘾模式。**

单亲家庭中的孩子更容易出现行为成瘾的问题。说到底，还是因为孩子缺乏足够的关爱，他们只能在上网或打游戏中获得安全感与愉悦感。

二、家庭或环境影响

如果父母本身有多年吸烟、喝酒的习惯，那孩子对吸烟、喝酒成瘾也就很容易理解了。环境会塑造一个人，**缺少判断力和自控力的孩子在看到父母经常用喝酒来排解内心忧愁时，他们无形中也会在自己伤心、难过时使用这种方式来调节心情。**

玩手机也是一样，当父母将过多时间用在刷抖音、聊微信上，而忽视对孩子的关注时，孩子便会有样学样地拿起手机。

爸爸妈妈在家就是这样，为什么我不可以？

如果孩子问出了这句话，作为父母该如何回答呢？思来想去，怎样解释似乎都像是在狡辩。最好的做法就是别让孩子产生这样的疑问，父母要从自身做起，别把那些成瘾物质（行为）带到孩子身边。

相比于成年人的行为成瘾，孩子的行为成瘾更为隐蔽，危害性也更大，在戒除成瘾行为中，需要付出的努力也更多。更为严重的是，一旦孩子的行为成瘾没能得到及时纠正，那这种行为就会成为他的生活习惯，深刻影响孩子的人生发展。

为此，父母必须要重视孩子的行为成瘾问题，及时发觉孩子的行为与情绪变化。

孩子行为上瘾的两大隐性因素

1 依恋关系：长期缺失爱让孩子将注意力转向了其他物品或行为；

2 家庭或环境影响：坏榜样潜移默化影响着孩子。

第 2 节　网瘾严重影响孩子的情绪和注意力

网络上，看到一位母亲与孩子因为电子产品发生冲突而请求援助的事例：

最近不知道怎么了，我常和孩子因为意见不合而陷入剑拔弩张的境地，我一失控就会对孩子施加语言暴力，孩子气急了竟然拿刀威胁。

我们俩的冲突几乎都是围绕着电子产品展开的。孩子每周都有网络课程要学习，我们会给他电脑或者手机，可是孩子拿到它们后，经常不是上课、做作业，而是打游戏、刷视频。

有一次，我看见他正在打游戏，没控制住情绪就骂了他，准备把手机没收，结果他不仅没把手机给我，还十分愤怒地责怪我打断了他的游戏，然后竟然拿起小刀来防御。我看他这样就更生气了，他越不给我我越想抢过来，结果在争抢过程中，小刀不小心划到了我，流了很多血。谁知，这孩子不但不感到心疼愧疚，还说我是故意被划伤的，好让他被全家人骂。

我在生气的同时，也感到很悲哀，作为孩子的妈妈，我没教育好他，他不仅学习成绩没上去，其他方面也出现了很多问题，竟然为了游戏这样对待自己的妈妈。

其实，例子中的情况并不是个例，作为非常关注孩子"上瘾问题"的家长，一定不会对这样的现象感到陌生。"上瘾问题"严重影响着孩子的成长，我们应该引起足够重视。

一、网瘾会让孩子情绪越来越暴躁

很多孩子一玩手机电脑，尤其是打游戏时，脾气就会莫名其妙地变得非常大，即使是平常性情温和的孩子，一旦玩起游戏来，也会变得满身是刺儿，这时候但凡外界有一点干扰，他们瞬间就能暴跳如雷。

对此，很多家长都感到很疑惑，为什么平常好好的孩子，一旦被电子产品"抓"走了注意力，就会变成另外一个人呢？再说了，娱乐不是为了放松、排解情绪吗？怎么会越排解越严重了呢？

脾气变大，其中有性格和家庭因素的影响，但也不能忽略其他外部原因。

我们知道，人是一种复杂的生物，具有多面性。很多孩子平常看起来可能温顺乖巧，说话轻声细语，但其实他们也有暴躁的、情绪失控的一面，只是因为有所顾虑或者缺乏触发的节点不经常表现出来而已。**但在游戏时，尤其是玩得兴起的时候，他们实际上已经脱离了现实中的自我精神世界和物质世界而进入了一个全新的空间，在那里，他们开始新的体验和自我价值的重塑。**

由于"与世隔绝"，他们会变得肆无忌惮，如果有人阻碍他们进行任务或者实现"自我价值"，他们就会把最暴躁的一面展现出来。

首先，屏幕的隔离会让他们毫无保留地展现出自己的另一面。与游戏相关的人物，不管是队友还是敌人，只要惹他们不开心，他们就会亮起嗓子开骂，反正隔着手机屏幕，谁也不认识谁。

其次，注意力的隔离会让他们对现实的敏感度降低。这也是为什么有的孩子平常不怎么发脾气，一旦打起游戏被打扰就会对家里人大呼小叫的原因。他们沉浸在游戏的世界里，全然忘了自己的行为在现实中可能会造成的不良影响与后果。

从发泄的角度来看，孩子通过玩游戏来宣泄情绪，并不是一件坏事，但是**发泄也是要有边界的，否则暴躁阈值会不断升高，过度的发泄不仅不会让人排解掉消极情绪变轻松，反而会让人越来越抑郁、暴躁。**

也就是说，如果孩子在玩游戏时很容易情绪化，发泄自己的不满，刚开始可能有缓解压力的作用，但并不是越发泄越舒服，超过了限度，起到的就是反作用。

这其实也反映了孩子与电子产品、游戏之间的关系。

最开始，孩子将游戏当作一种娱乐放松的方式，这时候的发泄自然是积极的。但是，随着对游戏的着迷，孩子逐渐被游戏所掌控，就像很多家长说的一样，被玩的不是游戏，而是孩子自己。

二、网瘾会让孩子对现实生活失去热情

过度沉迷竞技对抗类游戏除了会增加孩子的情绪负担，还会让他对现实生活失去热情。

这类游戏在某种程度上就是生活的侧写，它们很大程度上模拟了生活中可能出现的竞争、合作问题。

比如在现实生活中和同学、朋友一起合作完成一件事情，可能是团队比赛，也可能是小组作业，结果对方却总是因为出错或者不出力而拖团队的后腿，这时候你肯定会不开心。

在游戏中被打败后那种无能为力的感觉就像生活中一次次的挫折失败、不被理解一样，生活中想要彻底翻盘很难，但是在游戏中却要简单得多，这也更激发了人们想要在游戏中获胜的欲望。可是，如果在这种情况下还不能达到"胜利"的目的，人就会倍感挫折、憋屈，更有甚者，会将其与生活中的失意联系起来，感觉世界抛弃了自己，也因此更无法接受现实的自己。这时，他就会去找出口发泄，以此释放"压力"，由此形成的状态往往就是暴戾的表现。

所以，游戏中的暴戾表现，有一部分源于生活中的失意。**如果长时间让孩子带着生活中的失意在游戏中过度宣泄，不仅会提高他暴躁的阈值，也会让他对现实生活更加不满。**

三、网瘾会分散孩子的注意力，让孩子处于焦虑状态

除了发泄过度的不良后果，频繁使用电子产品，长时间玩游戏，还会让孩子注意力涣散，变得更加焦虑。

最近，我注意到一个非常可怕的问题，是从我小侄女身上发现的。

这几天，小侄女在我家小住，为了方便联系，她带来了在家常玩的那部手机。

不得不说，小侄女真是个手机迷，我已经尽力防止她与手机接触了，不是带她出去玩，就是和她一块做游戏，可还是挡不住她对手机的"热爱"，一会儿不跟她说话，她就跑去玩手机。

傍晚，我开始工作，她开始写作业。刚进行了五分钟，小侄女就开始左动动，右摸摸，好像屁股长了刺儿似的，不一会儿就"蠕动"到了手机旁边，想趁我不注意偷看。

"放下，写完作业再玩。"我说。

"姑姑，你看见了啊，我还以为你在专心工作呢。"这小机灵鬼反倒将了我一军。

"你认真写作业，我才能专心工作啊，小姑奶奶。"我没好气地说道。

小侄女不情不愿地回到了座位上开始做题。我原以为不会再出什么状况了，可谁知，很快小侄女就举着练习册，仰天大喊："姑姑，这一道题我不会做，你快点教教我。"

"不能一遇到不会的题就问别人，要自己先想一想。"我说。

侄女点了点头，佯装思考了起来，可是不到一分钟，便说道："姑姑，我想了，还是不会。"

看她这样，我实在不知道说什么好，我知道她心思根本没在学习上，所以也静不下心来，注意力根本无法集中。

"都是手机害的。"我心里这样想着，却毫无办法。最后，用了整整三个小时，侄女才完成了四道题。当然，如你所想，这三个小时里有一多半时间她都是在着急、走神、和我讨价还价、气急败坏的状态下度过的。

在后来的时间里，通过和其他小朋友的接触，我发现侄女身上的问题在小孩群体里很普遍。手机、网络、游戏提供的那些接连不断的"刺激"使得孩子的大脑始终处于兴奋状态，注意力被一点一点地分散，之后，他们再进行写作业、读书这种相对枯燥、漫长的事情时，就会变得极其没有耐心，一遇到不会的题第一想法就是放弃，而不是好好思考。

最终，在电子产品、电子游戏的强大吸引力和必须完成的枯燥学习的"拉扯"下，孩子就会变得越来越急躁，越来越焦虑。

电子产品中的很多娱乐 App 以及电子游戏的种种设定，它们都趋向于满足人的即时满足感。我们在付出时，最大的愿望就是马上能有一个好的结果，最好有一点付出就能立刻有所收获、有所回报，然而这在现实中几乎是不可能的，可短视频软件、社交软件、电子游戏却能做到。

即时满足阈限是会不断提高的，这也就意味着习惯了玩游戏、刷视频的及时反馈后，一旦回到生活中，便很难找到同等刺激强度的东西满足自己，**随着程度的加深，需要的刺激强度也会越来越大，唯一能够满足自己的方法就是更长时间更频繁地打游戏、刷视频。**

即时满足也可以看作享受当下，长期进行这样高多巴胺的活动，会让自己丧失忍耐力，一旦得不到即时满足，就变得狂躁、歇斯底里，这样显然是不利于我们个体成长的。

在孩子成长的过程中，焦虑、急躁都是不可或缺的情绪体验，但

是当个体的焦虑程度过高而带来强烈的情绪痛苦、躯体症状或严重的回避行为时，此时的焦虑就会演变成为病理性焦虑。

对于儿童、青少年而言，病理性焦虑尤其会带来不好的影响，会损害其社会功能的一个或多个领域，比如一个孩子会因为对学业不够自信而有剧烈的情绪波动，甚至产生厌学情绪；会因为不知道如何与人相处而封闭自己，进而产生社交障碍。

尽管暴躁、焦虑的产生并不是电子产品和电子游戏本身带来的，当然，电子产品、电子游戏也不是引起暴躁、焦虑的唯一途径，但是，它们却是最能频繁地、长时间地激发这些情绪出现并留存的事物。

网瘾会影响孩子的情绪和注意力

1 网瘾会让孩子变得越来越暴躁；

2 网瘾会让孩子对现实生活失去热情；

3 网瘾会分散孩子的注意力，让孩子处于焦虑状态。

第 3 节　玩游戏还是沉迷游戏？成瘾的判断标准是戒断力

　　玩游戏这一行为，在很多家长眼里早已被判了重刑，所以每当看到孩子玩游戏时，家长往往会草草地给出结论——孩子游戏上瘾了。

　　事实上，在手机、电脑等智能产品如此普遍的时代，电子游戏早已成为人们的娱乐方式，有时候玩一玩游戏放松一下很正常，玩游戏并不等同于沉迷游戏。所以父母在知道、发现孩子玩游戏的情况下，别急着烦恼，不妨先为孩子的游戏行为做一下诊断。诊断的目的是对症下药，就像看病一样，如果不明所以，胡乱投医，可能非但解决不了问题，还会越治疗越严重。

　　一般来说，玩游戏的状态可以分为三种，即放松、迷恋和成瘾。

　　放松，就是把游戏当作一种即时的娱乐项目，学习累了、运动累了，坐下来玩一把，一旦有重要的事情，能马上放下游戏，不会过于把游戏的输赢放在心上，愿意听取家人的建议。

　　迷恋，即把游戏当成一种兴趣，认为玩游戏是合理正当的，对游戏的输赢十分在意，会为了游戏而忽视或放弃其他重要的事情，也会探索与游戏相关的更深层次的东西，并且非常享受这样的过程，因此一般也不会产生负罪感。

成瘾，是指知道玩游戏是不对的，但完全控制不了自己，每次打游戏，虽然有短暂的快乐，但过后就是无尽的空虚、自责和后悔，可即使如此，还是会一次又一次循环往复，然后一次又一次地忍受折磨。经常会为了游戏拖延，把应该做的事情一拖再拖，对于家人的规劝非常反感，贪图一时的爽乐，不会探究深层次的东西。

一、成瘾的判断依据是戒断力和对游戏的态度

很多时候，人们对于游戏上瘾的判断依据是游戏时间的长短和游戏者的"专注"程度，但实际上，真正的依据应该是戒断力和游戏者的心态。什么是戒断力呢？就是从一件熟悉的、有感情的、正在进行的事情中抽离出来的能力或状态。**戒断力强的人，能快速改变自己的状态，投入到新的场景中；而戒断力弱的人则会瞻前顾后、藕断丝连，甚至根本不能摆脱原有事物。**

周末到了，小艺和壮壮约好了去壮壮家里打游戏，然后下午再一起写作业。两个人连着玩了两个小时，转眼间到了午饭时间，壮壮妈妈来喊两个孩子吃饭。小艺听见了，马上放下手机不玩了，可壮壮却无动于衷，还一直埋怨小艺"态度不认真、坑队友"，小艺无奈，只好又坐下继续开战。

一局打完，小艺说："这下总可以吃饭了吧？"可壮壮却意犹未尽，还想再来一局，最终是在妈妈的极力要求下才不情不愿地坐在了餐桌

旁。吃完午饭，壮壮又马上投入了游戏，而小艺则开始做功课，小艺和壮壮的妈妈都建议壮壮写完作业再玩，可壮壮极其不耐烦，一点都听不进去。很快，太阳落山了，小艺的作业也写完了，于是告别壮壮回了自己的家，而只字未写的壮壮此刻才后悔起来：这么多作业要写到什么时候啊？早知道不玩那么长时间游戏了。

小艺和壮壮有明显的戒断力差异。对于小艺来说，他可以一连玩好几个小时的游戏，但是一旦有不可推脱、不可替代的事情要做时，他会立即从游戏中抽离出来，先去完成别的事情；而壮壮则不同，他一旦玩起游戏来，整个人都会被游戏"牵"着走，即使中途被迫终止去做了另一件事情，他的大脑仍会停留在游戏中。

除此之外，还有很重要的一点，就是游戏者对游戏的态度，**即使是在戒断力不够强的情况下，如果他享受这个过程，并且坚信游戏能够带给自己积极的影响，也算不得我们所说的"上瘾"。**

比如特斯拉、SpaceX 创始人埃隆·马斯克从小也是游戏迷，直到现在也依然是游戏发烧友，但他对游戏的狂热不仅让他在十几岁时就设计出了一款游戏，还在一定程度上引领了他"把人类送上火星"的计划。

比如 Facebook 的创建者扎克伯格，从 10 岁接触第一台电脑开始就沉迷于玩游戏，但拥有强烈求知欲的他并不满足于游戏中的打怪升级，而是很快对如何创作一款好玩的游戏产生了兴趣，最终在不断探索中设计出了 Facebook 这款风靡全球的社交软件。

像马斯克和扎克伯格这样，即便玩游戏时间再长、频率再高，也不能算作是一般意义上的"上瘾"（应该叫作积极上瘾，这在后面会详细介绍），因为他们**不是为了贪图一时的"爽"，逃避现实的痛苦，而是在探索在求知**。但如果像壮壮一样，既无法快速戒断，又不能从中获得任何实质性的益处，还有大量的消极情绪产生，那么毫无疑问，他已经处于成瘾的边界了。

简单来说，一般我们所说的成瘾有两个必要条件：一是游戏者的戒断力很弱，二是游戏者心理状态以消极为主。

时间长短或频率高低更多时候只是触及了家长主观的容忍底线，使得家长主观上认为孩子沉迷于游戏。事实上，面对游戏行为，**我们更该关注的是孩子的心理状态与自控能力**，只要知道适可而止、不荒废正事，游戏时间即使长一些也不会是大问题。

说到底，游戏本身并非十恶不赦，是孩子对游戏的不合理利用，导致了游戏对他的反噬。这也是为什么在很多家长呼吁"救救孩子，管管游戏"的同时，一些真正的游戏热爱者会反驳并提出"管管孩子，救救游戏"的原因。

当然，不管是消极上瘾还是积极上瘾，家长们仍旧希望孩子花费在游戏上的时间少一些，更多地去进行线下活动，关注学业，那么这就与"戒断力"密切相关了。

二、到底是什么让孩子的戒断力如此弱

可能很多家长会感到困惑，为什么我家孩子对游戏的戒断力这么弱，而有的孩子说停就能停呢？

戒断力是人相对于一件特定的事物而言的，包括两个方面：一是这件事物的吸引力；二是个体本身的自控力。吸引力强而自控力弱，戒断力就会非常弱；吸引力弱而自控力强，戒断力就会非常强。

所以想让孩子对电子游戏的戒断力增强，就要降低游戏对孩子的吸引力，或提高孩子自身的自控力。

游戏之于孩子的吸引力，在纪录片《我们该玩电子游戏吗》中，心理学家马克·格里菲斯教授曾一针见血地指出，**游戏最吸引孩子的，是里面的即时奖励设计。**

实际上，不管是当下流行的短视频 App 还是各类 MOBA 游戏，都被称为设计出来的"瘾"性产品，它们能准确地抓住人性的弱点，进而满足其最渴望的需要。

纵观这些产品，其"上瘾逻辑"几乎都满足著名心理学博士亚当·奥尔特提出的"上瘾"六大要素中的至少一种：诱人的目标、无法抵挡且无法预知的积极反馈、愈发困难的任务和挑战、渐渐改善感觉、需要解决但暂未解决的紧张感、强大的社会联系。

而那些孩子喜欢的游戏，几乎将这六要素全部覆盖，其中对他们吸引力最强的就是无法抵挡且无法预知的积极反馈，也就是即时奖励。

打野获得技能提升、狙击对手力量加倍、获得医药包、获得装备增加战斗力、金币、武器、血量、技能条、爆头的快感、以一敌多的气魄……每一次操作、每一次按钮，都对应着某种奖励，这样的设计会极大激发玩家大脑的犒赏机制，从而让玩家兴奋、满足，同时想要的也越来越多，进而越来越不可自拔。

之所以会愈陷愈深，从根本上讲是因为人对快感是会逐渐脱敏的，快感的阈值是会不断升高的。一个人要想一直获得快感，就得不断加强刺激的程度，你需要被更持续、更强烈地刺激，才能继续获得快感。

当孩子习惯于这种不费力的即时奖励后，想要获得更多不费力的快感时，也就很难再忍受像学习知识、练习某种技能这样需要不断付出才有可能得到一点回报的事情，进而就会开始逃避。

此外，在这些体验中，**孩子们产生的"自主自由"的感觉，也是让他们"欲罢不能"的关键。**

相对于现实中被家长、老师、规则、道德等的约束管教，在游戏的世界里，孩子们可以随心所欲，完全按照自己的想法来，即使有人指责，也可以敞开了跟对方对骂，这种感觉对孩子来说是极其难得的。

除了即时奖励，"强大的社会联系"也是很重要的吸引点。现在的游戏基本上都是多人在线竞技型，孩子们在玩游戏的同时还可以满足社交的需求，游戏就像是一种神奇的连接，能瞬间拉近玩家之间的距离，即使是那些在现实中胆小害羞的小孩，也能秒变社交达人。

就像大人坐在一起喝酒吹牛一样，小孩子们聚在一起玩游戏也是他们的社交方式，而对于那些不善在现实中与人交往的孩子而言，网络以及游戏这层屏障能很好地打消他们的顾虑和恐惧，缓解他们的孤独感。

想象一下，如果孩子在现实中的生活除了必要的生存活动，最多的就是学习，更惨一点，连个志同道合一起努力的朋友都没有，那么，游戏对他们的吸引力不言而喻，游戏上瘾也无可厚非了。

相比于这样的现实，游戏世界真的精彩了不止一百倍。但是游戏的设计已经基本固定并且在不断优化，我们无法改变，所以只能是**努力让游戏对孩子的吸引力相对降低，方法就是丰富孩子的现实生活**。

给家长的启示就是，不要太关注学习，不要管控得太多，让孩子多参与一些娱乐性的活动，多自己决定一些事情，多带孩子出去玩，或者和孩子培养一个共同的爱好，包括下棋、画画等，总之提高现实生活的娱乐度。

我们应该明白，在孩子已经游戏成瘾的情况下，别妄想使用一两个小技巧就能把孩子的"瘾"消除，转而爱上学习，这就是天方夜谭，否则几年前诸如杨永信一类的迫害性戒瘾学校也就不会出现了。

合理的过程应该是，首先让孩子逐渐感受到现实生活的充实。比如父母尽量多争取一些陪孩子的时间，陪伴期间时不时地提出外出的建议，去肯德基、去游乐场、去逛街……目的是将孩子与游戏隔离开。在获得和孩子单独相处的机会后，好好把握，谈一些孩子感兴趣的事情，这建立在父母对孩子了解的基础之上。当孩子感受到现实生活的乐趣后，再想办法向学习方面引导，比如将学习和玩结合在一起。

至于自控力，就更需要慢慢培养了，有的家长在孩子刚接触电子产品时就会规定使用时间并严格实行，渐渐地孩子就会形成规范，到时间才玩，玩一段时间便自觉放下。

不管是丰富现实生活，还是自控力的提高，具体内容都会在后面进行更详细的叙述，这一章节的目的就是让父母对于孩子游戏上瘾有更清楚的认识。

是什么让孩子的戒断力如此弱

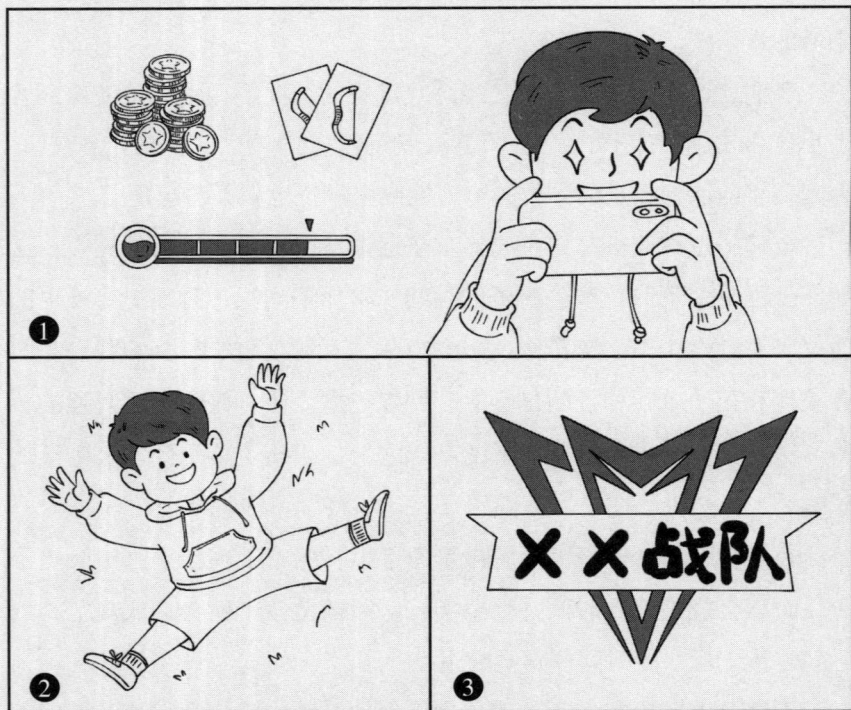

1 游戏中的即时奖励设计会让孩子沉迷其中、无法自拔；

2 孩子在游戏中产生的"自主自由"的感觉，也是让他们"欲罢不能"的关键；

3 "强大的社会联系"也是很重要的吸引点。

第二章

网瘾，背后隐藏着什么

第1节　劣质快感，孩子的成就感只能持续很短时间

精神分析学家认为，我们每个人的心灵都依据着一种最简单的原理运作，它使我们尽可能地拥有快乐，尽可能地规避痛苦。

但凡事有度，当一个人听凭自身欲望的驱使，将时间毫无保留地用在那些可以获得短暂快感，很容易就让自己获得"爽"的体验的事物上时，他就已经接近"废"的边缘了。

事实上，追求快感并不是一件十恶不赦的罪行，相反，适度的快感能让我们的内心获得满足，成就感、幸福、骄傲自信……这些都是快感的表现。然而，过度地沉迷短暂快感，却会让人变得更痛苦。

一、过度沉迷劣质短期快感会让人无法获得持久而深远的成就感

人的大脑里有一种叫多巴胺的神经传导物质，它的产生能让人感到快乐、愉悦。多巴胺的产生和受到的外界刺激相关，当外界刺激让人产生积极的感觉时，多巴胺就会快速增多。一个拥抱、一句赞扬、一个幻象，都会引起多巴胺水平的升高，在多巴胺增加到一定程度时，人就会进入一种如痴如醉、如梦如幻的状态，即涌起一阵阵"快感"，感到很"爽"。

但"爽"并非就有十足的意义，让你感觉到爽的事情，它们很多都价值很小，甚至没什么价值，尤其是这些几乎不需要任何前期付出就能产生积极感受的事情，比如笑话、美食、挑逗、赞美、看热闹，甚至惊恐，更高程度的有抽烟、游戏、整容、性爱、赌博等。

我们不能说这些事情是毫无用处的，但长期进行肯定是弊大于利。这就同办了健身卡却一次没去，收藏了大量减肥视频却一次都没实施过，买了大量的书却一本都不曾看过的人的心理是一样的，只是为了获取心理上的满足感，但事实上并没有得到真正有用的训练、操作，这样做不但浪费了资源，而且对自身也没有多大意义，并且这些资源到最后也会成为累赘——让手机爆掉的无用内存、让房间变得拥挤的杂物。

而在这一次次心理需求被满足的过程中，我们的行动力会变得越来越低，对于成功的心理阈值也会越来越宽容，当我们所有的耐心都消耗殆尽时，我们就会陷入焦虑和痛苦中，想努力想上进想改变，但又无法花费稍微长一点的时间去做真正能改变现状的事情。

可以说，**适当的高多巴胺活动的确能让人感到幸福，体会到人生的乐趣，但持续的高多巴胺活动，则会消减人的忍耐力，让人无法忍受平淡，但又不想做出努力，很难再遵循先付出后收获的一般规律，最终只能在痛苦纠结中碌碌无为。**

过度沉迷低廉的短期快感，会让人无法获得持久而深远的成就感。

可以肯定的是，但凡精彩的人生必定是由成就感堆积出来的，持久而深远的成就感就是人向上攀爬的最大动力。缺少成就感，就意味着缺少自我价值的实现，缺少自我价值的实现也就意味着人生是空洞的、乏味的、缺乏激情和动力的。

二、孩子的成长需要持久而深远的成就感作为动力

对于孩子来说，成就感是他们快速成长的核心驱动力，缺乏成就感也就失去了内在动力，这不仅会让孩子在学习、生活上变得被动，还会引发沮丧、焦虑、自卑等负面情绪。

从某种程度上来说，成就感的持续时长其实是和付出的多少挂钩的。那些能让人在短时间内获得大量快感的事物，大多做起来是毫不费力的，但因此也不可能有大的实质性收获，也就不能让人产生强烈而持久的成就感。

尽管打游戏、玩微博、刷抖音偶尔也会让我们产生成就感，但这种成就感是极为渺小的，转瞬即逝的，能促使我们再进行一把游戏、再刷一条视频，但根本不足以成为我们在现实生活中进行创造性活动的动力。

真正让孩子充满自信，感受到自身价值的是：在朋友面前，用流利的英语帮助了一位外国友人；数学课上，受到老师的邀请向同学们分享了自己的解题思路；因为作文写得好，被同学们争相传阅；在建模大赛上拿了二等奖；和同学一起合作的设计获得了学校的认可……

然而，这些事情的实现，往往是需要付出巨大心血的，没有"一鸣惊人"之前，努力的过程是枯燥和漫长的，但也因此，产生的成就感才会无比强烈。

家长们可以想一想，当孩子们习惯了享受那些轻易就能获得的劣质快感时，他还能静下心来学习吗？还能安安静静地看完一本书吗？还能平心静气地写完一篇作文吗？

显然，答案是不能。

既然这样的事情都做不到，又何谈那些需要漫长时间和艰辛付出的"创造性事业"呢？**沉迷短期快感会消减人的忍耐力，让人陷入不断的焦虑中，进而不能全身心地投入到一件能够改变现状的有意义的事情中去。**

从前，我们歌咏的是"宝剑锋从磨砺出，梅花香自苦寒来""千磨万击还坚劲，任尔东西南北风"，可如今，瞬时的快感和接连不断的刺激已经让很多孩子全然忘记了付出和磨炼的重要性。

三、科学运用延迟满足，保护好孩子的内在动力

痴迷于短时快感，失掉的仅仅是时间吗？被掏空的还有孩子们的精神和内心世界。

所谓快感，产生于需求被及时满足的瞬间，也就是即时满足。

通俗地说，即时满足可以理解为饿了马上有饭吃，渴了马上有水喝，当然，也有的即时满足表现在精神和心理层面：很无聊，发了条信息马上有人回复，这让我觉得自己很受欢迎；游戏中每点击一次鼠标，敌人的血条就会掉很多，这让我觉得自己很厉害。

人的本性是趋于即时满足的，所以我们总有一种倾向，那就是避免从事一些需要在短期内付出成本但需要较长时间才能获得收益的活动。这种本性透露出来的是懒惰、逃避、放纵，是麻木而又侥幸的内心，是毫无远见的头脑和混吃等死的心态。

我知道跑步锻炼能强身健体，但这一刻我更想"葛优躺"；

我知道学好英语能给我带来很大的好处，但是眼下我只想看看娱乐八卦；

我知道努力学习才能考上好的大学，但是现在我只想玩一把游戏。

如果我们全都按照这样的本性去生活，那世界就乱了套了，好在这种本性是可以克制的，于是很多人学会了延迟满足。

延迟满足，说白了就是忍耐，就是克制欲望，放弃眼前的诱惑，先努力付出，再去获得更大的快感，是甘愿为更有价值的长远结果而放弃即时满足的抉择取向，以及在等待期中展示的自我控制能力。

饿了就吃饭的确很爽，但是饿一阵再吃饭，满足的感觉其实更强烈，两者的差距就在于一个积极畅快的人生。

所以，家长们重视培养孩子延迟满足的能力，当孩子懂得了延迟满足，也就学会了克制、等待、珍惜、宽容、理解、付出，也就能够更多地去追寻有意义的事情，从而获得强烈而持久的成就感。

一般的方法就是不要总是无偿给予孩子他喜欢的东西，要让他通过自己的努力来换，不管是学习还是生活，只要是有利于孩子成长发展的事情都可以。需要注意的一点是，以物质条件为激励时，要保护好孩子的内在动机。

当然，延迟满足并不是一定要将欲望积压到最后再完全释放，欲望长期得不到满足时，人也会失去奋斗的动力，这也正是为什么要制定短期目标。

在向着长期目标努力的过程中，阶段性的胜利会让人产生成就感，进而更加坚定自己的选择，同时也会更有动力向前。阶段性的胜利并不一定是多么轰轰烈烈的成功，有时候可以仅仅是一句称赞、一个肯定的眼神。

　　那些不需要付出就能获得快感的东西，终有一天也会以同样的方式毁掉你。在劣质快感泛滥的环境下，如何让孩子学会延迟满足，在嘈杂中学会沉静，在快节奏的生活中学会沉积，是每个父母都应该研究的课题。

劣质快感对孩子有害无益

1 沉迷短期快感会让孩子丧失耐性;
2 科学运用延迟满足,保护好孩子的内在动力。

第2节　无限复原重启，游戏成瘾代表着孩子对责任的排斥

　　清晨，一睁开眼，李洋就玩起了游戏，脸也没洗，牙也不刷，卧室乱得像刚打完仗一样。

　　"洋洋，你就不能把你自己收拾干净再玩儿吗？你都多大了，这些事情难道还让妈妈帮你做？"妈妈进来看到这一幅场景，不由得哀叹道。

　　"好，知道了，马上收拾。"刚好打完一局游戏的李洋乖乖放下了手机，佯装开始整理的样子。可是等妈妈一出去，他马上又开了一局。

　　就这样，直到中午，李洋还是脸没洗牙没刷，房间没收拾，早饭也没吃，更别说写作业了。

　　妈妈气得不得了，边做着家务边和慢吞吞从卧室走出来的李洋理论着。由于走神，一不小心，左手被旁边的尖锐物划了个大口子。

　　妈妈忍着疼攥着自己的手指，扭头一看却发现儿子还在低头玩游戏，刹那间，心凉伴着怒火齐发："李洋，没看见你妈流了这么多血吗？你怎么这么狠心呢？游戏重要还是妈妈重要？"

"好，好，不玩了，我这就给您找纱布和止血药去。"李洋这才放下了手机，可这态度依旧让妈妈心寒。

晚上，妈妈将今天发生的事情都告诉了爸爸，两个人分析了好一阵，觉得李洋有些过分懒散和冷漠了，不仅仅是游戏上瘾，其背后还有很多其他问题。

事实上，李洋的这一系列行为表现出来的正是他对责任的排斥，对自己不负责，对家人不负责，对学习不负责，对生活不负责。

一、游戏成瘾背后隐藏着孩子责任感的缺失

个人卫生不讲究，早饭不吃，这是没有承担好照顾自己的责任；作业不写，该学习的时间用来玩，这是没有承担好学生的责任；看到妈妈受伤，态度冷淡，这是没有尽到关心爱护父母的责任。

换言之，如果孩子责任心匮乏，排斥责任，那么，即使没有游戏，对于自己该做的事情他也会找各种理由拖延或不做。表面上看起来是游戏吸引了他的注意力，让他无法腾出时间去做别的事情，实际上是他本身就不想去做，不想负责，而恰好使用了游戏来当借口。

生活中，父母们对这样的场景其实并不陌生：

想让孩子帮忙拿个东西，他却说自己刚开了一局游戏；你督促他学习，不一会儿他又拿起了手机，最后因为怕老师批评而着急地补作业；你告诉他马上就要吃饭，他却在前两分钟又重新开了一局……

孩子玩手机、玩游戏常常不分时间、场合，每次因为耽误了重要的事情而产生严重后果时，都会信誓旦旦地说要卸载游戏，戒掉玩游戏的瘾，却又无数次悄无声息地安装了上去，重复着不负责任的行为。从根本上讲，这种行为背后隐藏着孩子责任感的缺失：孩子对自己各类身份以及相对应的需要承担的责任认识不清，甚至不想承担。

美国教育学家布卢姆说："借口是不想担负责任的托词，是不信守承诺的反映，是畏惧困难、不求上进的表现，它直接阻碍着一个人将来的成功。"

导致上瘾有很多因素，低责任心（冲动、粗心、懒惰）是很重要的一个。

可以说，责任心弱的孩子更容易成瘾，不管是行为上瘾还是物质上瘾，反过来讲，责任心强的孩子虽然也避免不了在某些方面成瘾，但是他对于诱惑的抵抗力要更强。

从某种意义上讲，生命是信念运作的结果，而责任感本质就是一种生存的信念，这种信念支撑着人把自己和外界的人、事、物联系起来，在大环境中发挥自己的作用，使人沉稳大度，懂得权衡，学会忍耐。如果缺乏这种信念，人就会变得我行我素，做事不考虑后果，只图一时之快而造成不好的结局。

二、如何在日常生活中培养孩子的责任感

责任感、责任心是孩子将来立足社会必不可少的资本，父母除了照顾孩子的饮食起居，关注孩子的教育学习外，更应该注意培养孩子的责任感。

责任感并不是凭空产生的，而是伴随着孩子承担责任的过程出现并加强的。

父母只有从孩子小的时候就慢慢把一定的责任放在孩子肩上，让孩子试着去承担，才能逐渐培养出孩子的责任感，进而使孩子承担责任的能力一步步得到提升。

所以，培养孩子责任感，第一步要从父母放手开始。适当地把孩子"推"出去，给孩子一定的自主权，让他去做自己力所能及的事情，这对培养孩子的责任感来说非常重要。

父母对孩子有着天生的保护欲，生怕他们受到伤害，正是在这种欲望的驱使下，很多父母会对孩子的生活事无巨细，甚至一手包办，这不仅会影响孩子自主能力的培养，也不利于其责任感的形成与建立。

还有的父母具有强烈的控制欲望，恨不得孩子的一言一行都按照自己的意愿进行，稍有偏离就会使用情感绑架或是行为限制来控制孩子，这也不利于责任感的培养。

如果孩子对父母过于依赖，或者常常按照父母的意愿行事，他就无法对自己形成清楚的认知，也就不会把自己当作独立的个体，因而对自己应当承担的责任也是模糊不清的，这种情况下又何谈责任感？

就像孩子玩手机，也可以尝试给他自主权，实际上预防孩子手机上瘾、游戏上瘾的**最好方法就是让他自己管理自己，当他在一件事情上能自主形成一套规范时，即便父母不管教，他也能保持良好的状态。**

给孩子自主权的同时，也要允许他犯错。在这里和家长们分享一个网上的小故事：

下午放学回来，儿子把脚上已经湿透的鞋子一踢，然后把湿漉漉的脚丫子伸到我面前说道："妈妈，你是对的，我应该穿皮鞋的，你看，袜子全湿了。"

早上上学时，雨下得很大，我跟儿子说："运动鞋不防水，你穿皮鞋吧。"儿子却非要穿他喜欢的运动鞋，还不耐烦地说："妈妈，这点雨没关系的，我已经长大了，可以自己做决定了。"

我说："没问题，我就提醒你可能的后果，到时候鞋子湿了可不许哭鼻子。"

他点点头："放心吧。"然后高高兴兴地穿着心爱的鞋子上学去了。放学回来，就是开头那幅场景了。

自此之后，再遇到下雨天，不用我说，儿子也会自觉地穿上皮鞋。

故事里的妈妈在孩子懂事之后，诸如穿什么衣服鞋袜、周末怎么安排等事情都会尊重孩子的选择和决定，不会一味地强迫孩子。有时候，即使孩子的选择不合理，在孩子强烈要求的情况下，她也就不再阻拦，只是将"后果"善意地提醒给孩子。

用她的话说，孩子只有通过自己摸索不断试错，才能够学会如何独立生活，也才能够真正长大。

三、如何在孩子做错事时培养他的责任感

很多家长在孩子犯错时，都只会批评指责孩子，其实，这个时候正是培养孩子责任感的好时机。

孩子在做错事时，一般都会在第一时间为自己找借口。为自己的

错误找借口，好像是人的本能，其实这种看似本能的反应不过是因为各种因素的作用而形成的习惯性应对模式而已。

首先，**父母如果经常为自己的过错找补，那么孩子也会受到影响**，有样学样，所以父母在孩子面前犯错，一定要实事求是，并为自己的错误买单。

其次，**对于孩子犯错，父母要给出恰当的态度和反应。**

心理学有个"归因理论"，是指一个人对事情发展成因的理解分为内因和外因两方面。面对孩子犯的错或不当行为，如果父母一味地责备，孩子就会产生恐惧心理，渐渐地将自己犯的错归为外因，以此来为自己开脱，推卸责任，意在逃避苛责。

比如，孩子不小心摔坏了东西，如果父母第一反应就是批评，那么下次再遇到同样的情况，孩子就会把自己撇干净，把肇事的责任推给别人或别的事物，是地上有水我滑了一下才碰掉的，是小晴推了我一把才掉地上的……

那么，父母如何抓住孩子犯错的机会来培养孩子的责任感呢？

第一，别问为什么，要问发生了什么。

如果我们问他"为什么"，只会给他机会为自己的行为辩护，而问"发生了什么"则是让他陈述事实。

第二，让孩子直面自己的问题，意识到自己的错误。

父母应该引导孩子自己说出问题，然后针对问题和他沟通，让他知道不管他的理由是什么，有些行为都是不被允许的。

当然了，父母也应该考虑孩子的情绪和心理状况，让他说出自己的感受和委屈，防止负面情绪的积累。

第三，不一定非得孩子说出"对不起"，但一定要让他知道下次再遇到类似问题应该如何解决。

通常孩子犯错，家长会要求他们道歉，但有时候，"对不起"并不是必须的。

有的孩子虽然道歉了，但嬉皮笑脸，一点都不诚恳，"对不起"也就失去了意义；有的孩子自尊心很强，打死都不肯松口，如果强迫他，反而可能会给孩子带来巨大的心理阴影。

所以**重要的不是道歉，而是孩子有没有真心悔改，更重要的是，下次再遇到类似的事情能不能不再犯同样的错，而选择用更加积极的方式去解决问题。**

父母要有意识地告诉孩子解决问题的思路，多训练他们解决问题的能力。

除了上面三点外，**父母的"示弱"也是一个非常棒的能激发孩子责任感的方法。**

《妈妈是超人》是一档明星亲子类节目，有一期，女星胡可把儿子安吉和小鱼儿叫到跟前，一脸疲惫地对兄弟俩说："今天妈妈非常非常累，有一些工作需要你们来完成，可以吗？"

安吉和小鱼儿看着妈妈，瞬间成熟了很多。作为哥哥的安吉不仅承担起了照顾弟弟和买菜的重任，还带着弟弟做家务、叠衣服。

同样的，节目中的另一位妈妈霍思燕，也常常会在儿子嗯哼面前表现出柔弱的样子，让嗯哼帮着做一些事情。正是在这样的教育下，嗯哼小小年纪就十分有担当，跟妈妈在一块儿时，就像个小男子汉一样照顾着妈妈。所以有人说，霍思燕拯救了银河系，老公儿子都宠着她。

可见，父母适当在孩子面前示弱，偶尔犯"懒"，其实是给孩子机会去长大和学会承担责任。

从这些明星的娃身上，我们也可以发现责任感和成瘾的联系，因为他们身上的确很少有"瘾"的影子，当然，这有着多方面的原因，比如他们的生活更精彩，他们要学习更多的东西，但是促使他们去学习、去做很多事情的隐形动力很大程度上就是责任感。

父母教育孩子的一个重大任务是让孩子学会独立为自己的人生承担责任，激发孩子努力去追求自己的人生目标和幸福。有了这样的基础，孩子的学习和成长才会有更多的可能。

孩子上瘾是一个让人头疼的问题，而它之所以难以戒除，很大程度上与孩子身上的各种缺失有关系，比如责任感的缺失、成就感的缺失等，找出这些缺失并填补起来，才能从根本上斩断"瘾"根。

去"瘾"需要"填补"缺失的责任感

1 培养责任感，放手让孩子自己做决定；
2 在孩子面前"示弱"，能有效激发孩子的责任感；
3 当孩子犯错时，不要直接批评指责，而要了解事情经过，引导孩子去解决问题。

第 3 节　孩子沉迷刷手机视频，背后隐藏着对深度思考的排斥

中午，约好了和阿天一起出去吃午饭。

快到时间了，我发了条微信给他："忙完了吗？什么时候出来？"却迟迟没有得到回复。

无奈，我只好直接去找他。

我到时，阿天正皱着眉头盯着书本上的题，一副痛苦的样子。

"不是说好一起出去吃饭吗？"我白了他一眼，"这都几点了？"

"我，我上午的目标还没完成。"阿天有些心虚地说道。

"什么？就这么点内容，一上午你都没做完？"我惊讶道，"你干吗了？不会又是刷抖音打游戏了吧？"

看着阿天的表情，我就知道我猜对了，他总是这样。

虽说是在刷题，但是每天能打开手机无数次，一遇到不会做的题时，他就会蠢蠢欲动地想要刷会儿短视频，玩会儿游戏，并且一玩起来就没完没了。

于是，每次都完不成自己定下的目标，一拖再拖。

每每遇到难题，阿天就会选择放在一边，先去娱乐，这是因为攻克难题需要搜罗各种信息，需要大脑高速运转，需要不断思考、验证、再思考，是非常费力的一件事情，阿天对此是排斥的。

这似乎意味着，在遇到难题或者困难时不进行深度思考的人，他们便很容易对短视频、游戏等娱乐性事物上瘾，真的是这样吗？

仔细想想，很多人的确如此。从现实成瘾的案例中，我们也发现：那些容易成瘾的孩子，他们中的很多要么学习不怎么理想，要么没有一个长远的兴趣爱好。

他们不喜欢花费力气，不喜欢深度思考，轻松的、不费力的，还能获得愉悦感的事物很容易就能吸引他们，当他们习惯于做这些事情的时候，就会越来越排斥深度思考。

为什么深度思考这么重要呢？它是一种什么形式的思考呢？它究竟能为我们带来什么？

一、深度思考会让人变得思想独立、头脑清晰

你或者你的孩子是否有过这样的经历或感受：

写作时，感觉自己有很多想说的，可就是什么都写不出来；

一看到复杂一些的问题就头疼，思考时总是充满痛苦；

很容易钻牛角尖，感觉处处碰壁，路越走越窄；

心理承受力低，脑子里的想法容易跟着别人的观点走，缺乏主见……

这就是缺乏思考力、不会深度思考的表现。

前面我们已经说到深度思考与成瘾的联系，缺乏深度思考在很大程度上促进了人对享乐性、发泄性事物的依赖，即使没有成瘾，不会深度思考的人也很难有所成就。

看起来好像在努力工作，其实只是机械地应付了事，浑浑噩噩地混日子，用肢体上的勤奋逃避思维上的慵懒，最后蹉跎了岁月。

当某一个瞬间有所醒悟时，就会感到非常被动和压抑，这时，有人会因为想不开而选择用极端的方式结束这一切，有的人可能只是痛苦一阵，然后再回到从前的状态，周而复始。

所以，很多人说，深度思考决定了人生的高度，没有深度思考的人生就是一片在软土上的破砖碎瓦，会轻易扭曲，轻易倒塌。

反过来讲，**习惯于深度思考的人，他们总能透过事情的表象看到本质**，他们不会被表面的、看起来诱人的东西所迷惑，不会贪图一时享乐而放弃长远的追求，也不会随波逐流，被他人的观点左右，而是**有着自己的见解和创造力，能够顺利解决很多看起来复杂的问题，他们是真正思想独立、头脑清晰的人。**

深度思考为什么会有这样的作用呢？我们怎样才能做到深度思考？

深度思考并不是简单的"想一想"，它需要经过专业的思维训练。若没有经过训练，就很难形成一套科学的方法论，那么即使想尝试思考，大脑也会处于一个没有条理的混沌状态。这会使人产生一种高势能的、不愉快的体验，自然也就容易放弃。

深度思考的过程，是一个大脑高速运转的过程，需要消耗巨大的能量,就像电脑在满负荷运算时 CPU 高速运转也会消耗大量能量一样。长时间的深度思考一定会使人产生疲惫感,人天生的惰性也会让自己处于松弛、低能耗的安逸状态。

因此,想要达到深度思考的状态本就非常不易,更别说对于已经习惯了不思考、习惯了通过毫不费力的事情获得满足感的人来说了。

即使如此,**父母们也要让孩子试着习惯深度思考,越早越好,这不仅能预防孩子成瘾,而且有利于孩子解决很多实际性问题。**

二、深度思考比勤奋更重要

哈佛教育曾强调,我们不愿意看到哈佛的学生有这样的结果:在学校时是一个成绩优秀的学生,门门功课都能得 A+;离开学校以后却成了一个低能儿,使自身的价值像阳光下的雪人一样慢慢融化,直至消融得无影无踪。

或许哈佛的学生大部分都做到了在学校和在社会的双重优秀,但现实更多的是——

一些成绩优异、勤奋刻苦、一路拼杀跨进名牌高校的学生,一旦离开大学进入社会,真的就成了"阳光下的雪人",平庸、低能,甚至手足无措。

当然,我们也会看到另一种不可思议的现象——

一些在学校里不怎么努力、甚至有些吊儿郎当、成绩平平的学生,却能在社会上呼风唤雨。

当我们无法解释这样的现象时，就会称之为"开挂了"，但从某种程度来讲，拉开这种差距的重要因素正是思考力，也就是深度思考。

那些学习优异的学生中，有一部分人他们的好成绩是用极度的刻苦和勤奋换来的，他们看似把知识都掌握了、理解了，实际上对很多问题都缺乏深度思考，不能够做到融会贯通、灵活运用，因此走向社会后，他们那种应试的思维就无法再发挥效用，慢慢也就失去了光环。

而那些成绩平平的学生中，也有一部分人，他们偶尔会表达自己独特的观点，思想、行为也很独立，他们或许很难被发现，或许因为环境而没有被重视，但这并不影响他们在后来有所收获。

当然了，这也并不是说深度思考对于学校的学习没有用处，那些成绩平平但能够深度思考的学生只要多一些勤奋努力，成绩也会迅速提升。

就像雷军所说，**想要获得好的结果，勤奋是必要的，但只有勤奋是远远不够的，深度思考比勤奋更重要。**

从某种程度上来说，深度思考从思维上给孩子树立了"必须付出辛苦才能有所收获"的观念，它促使孩子适应更加长久的枯燥的提升自我的过程，而不是轻易被诱惑。

三、深度思考不容易，让我们先努力进入思考的状态

到这里，可能家长早就想要知道深度思考的具体方法了，但不幸的是，深度思考并不能一蹴而就，它需要我们静下来，运用科学的方法不断思考，不断练习。

不过，这里有一些技巧和工具，能够帮助我们更好地进入思考的状态。

回想一下，我们思考一件事情感到痛苦或想放弃的时候，往往是因为脑子里一片混乱，毫无条理，所以，**进入深度思考关键的一步就是把相关的信息都尽量条理化。**

举个例子，当我们在思考"如何学好英语"这个问题时，首先要做的就是大致想一下学习英语包括哪些方面，比如发音、单词拼写、语法知识……我们可以把这些关键点列下来，然后再根据每部分内容的特点制定相应的学习方法，这样一来，解决问题的思路就会清晰很多，按照主要的枝干发散出去，就能获得非常丰富的结果。

这种方法叫作"MECE"分析法，生活中很多事情都有固定的"MECE"框架，牢记这些框架就能让思考省力很多，比如我们熟悉的用于商业环境分析的"3C"、营销战略框架"4P"、重要紧急四象限等。在具体使用时，为了更清晰，我们还可以用表格、流程图、坐标系等形式将这些主要内容标写出来。

在孩子三四岁的时候，父母就可以有意识地引导孩子去思考一些稍微复杂的问题，或者让他们参与需要分类的家务，比如整理衣服时，可以让孩子自己按照一定的标准将衣服进行分类。家长不要小看这种引导，它对孩子的影响远超过你的想象。

除了培养孩子将信息进行条理化分类之外，家长还要特别注意一点，那就是千万**不要让孩子养成做题翻答案的习惯，这样做会严重破**

坏孩子的思考力。

题不会做就翻答案是个很不好的习惯，而且这种事情只有零次和无数次之分，千万不能开头。

除此之外，**提升记忆力和专注力也是非常必要的，这是深度思考的前提，**关于记忆力和专注力的培养将在后面章节进行详细讲解，这里就不再赘述。

孩子手机、游戏上瘾的背后，其实反映出来的是他们各种能力和意志方面的缺失。如果家长只是把注意力放在如何让孩子与上瘾性事物隔离开，而不去填补孩子本身的"缺陷"，那么即使戒除了一个事物，也难保未来还会迷恋上另一个，这一刻戒除可能下一刻又会"复发"。

深度思考让孩子离"瘾"越来越远

1 深度思考能够促使孩子思想独立，头脑清晰；
2 善于深度思考的孩子更能看透事物的本质；
3 深度思考关键在于信息条理化。

第 4 节　偷钱打赏网红，孩子在追求一种虚假的价值感

电影《受益人》中有这样一个片段让我记忆深刻：

主人公吴海的妻子淼淼是一位网络女主播。有一天，夫妻俩的住所浩浩荡荡走进来几个工人模样的人，还领着一个十多岁的孩子，为首的一位老大哥大声喊着要找小狐仙，他是小狐仙最大的粉丝。

吴海一看是老婆最大的支持者来了，忙伸出手点头哈腰地对说话的人喊了声"金总"，却不料"金总"脸色一沉，指着旁边的小男孩气急败坏地说道："我不是金总，他才是。"

吴海一看乐了，他掀了掀男孩的帽子，笑着说："别开玩笑了，这不是一个初中生吗？"

老大哥眼睛里像要冒出火星似的，头一歪大喊："你还知道是初中生啊，你老婆前前后后骗了我儿子八万多块钱！"

淼淼听了心里有点不舒服，那明明是"金总"自己打赏的，她可什么都没做，怎么能叫骗呢？于是小声为自己辩解："我不是骗，是

金总主动送给我的呀。"

老大哥听了这话更是气不打一处来："什么金总，他才十四岁啊！不还给我们钱，我们就搬东西。"说着，就招呼着身后的人开始抢。

这期间，那小男孩还拽了拽父亲的衣袖替淼淼求情："爸，你就放过她吧。"

孩子偷巨额存款送给一个陌生人，这样的事情看起来很荒诞，但在当下社会却是见怪不怪。

这真是太令人不可思议了，到底是什么驱使孩子这么去做的呢？

一、孩子偷钱打赏网红，其实是在追求一种虚假的价值感

从旁观者的角度来看，做这样的事情是毫无意义的，并且也无法获得哪怕一点实质性的好处。

但在当事者的眼里，却全然不是如此。从小男孩在那种情况下还为女主播求情来看，他并不觉得自己做错了，更不埋怨女主播，甚至认为自己有保护她的责任。

为什么会这样呢？这是因为他从虚拟世界中获得了一种虚假但强大的价值感。在那个世界里，他是身价千万的金总，他毫不费力就能获得巨大财富，并且可以通过这些财富让自己有很强的存在感，让自己"喜欢"的人关注自己、在意自己，甚至讨好自己，而这些在现实生活中却是很难做到的。

他享受那种瞩目的感觉，享受被人重视、被人积极回应的感觉。当他给主播送了一个大火箭而获得一声甜甜的"谢谢金总"时，当他一掷千金，然后提了一个要求被满足时，他就会觉得自身价值感爆棚。

而当他回到现实生活中，发现自己"一无是处"，根本没有人关心和在意时，他就会逃避，会一次次重新进入虚拟世界，重复着那些让自己感觉到自我价值的行为。

但在虚拟世界里，他真的实现自我价值了吗？并没有，那一切都不过是随时都会破灭的假象。

所以说，孩子偷钱打赏网红，其实是在追求一种虚假的价值感。

看过这样一项调查，调查内容是"95后"最向往的新兴职业有哪些，其中回答主播、网红的占据了54%。

活跃在各个平台的网红们，很多都是早早不上学，在社会摸爬滚打多年，依靠短视频、直播的契机，一跃成了别人羡慕的对象，但他们看似光鲜亮丽的外表下，很多都有着腐朽不堪的内心。

没怎么读过书的网红，骄傲地宣称：自己不读书也能开超跑，大学生还得给自己打工；

未成年的女生整容炫富，因为一段摇头晃脑的视频而受到千万人追捧；

网红们相互攀比，各种炒作博眼球……

这些人的走红让年轻人看到一条成功的捷径，只要能博眼球就能红，红了就有钱。

于是，12岁的男孩当起了游戏主播；13岁的女孩沉迷化妆不可自拔……

这是怎样一种扭曲的价值观啊！许许多多的孩子就是被这样的价值观荼毒，荒废了学业，堕落了青春。

二、家长对孩子内心的忽视导致了孩子对虚假价值感的追求

那么，是什么导致了孩子对虚假价值感的追求？什么样的孩子更容易被这种病态的虚假价值感所吸引呢？

电影中，"金总"一行人就是生活在底层的普通人，靠着脏活累活维持生计。在我们的印象中，物质条件一般的孩子往往勤俭节约、吃苦耐劳，根本不会做出这种"挥金如土"的行为。

然而事实却是，躲在屏幕后面疯狂打赏网红的、争相模仿他们的，很大一部分就是这样的孩子。

在网络不够发达的时代，人们接触到的信息、受到的诱惑相对于今天要少得多，孩子们最坚定的信念就是通过读书或劳动来获得回报，创造价值。然而，随着互联网和经济的快速发展，孩子们能够更加轻松地接触到丰富的信息，**随之受到的诱惑也越来越多，这时候如果父母还秉持着以前的教育观念和育儿方法，只关心学习好坏和身体冷暖，而忽略孩子的内心、情感，就可能导致孩子产生扭曲的价值观和严重的心理问题。**

这种情况在物质条件一般的孩子中最为常见，这是因为孩子的物质条件本就容易让他产生自卑心理，如果情绪感受再得不到关注，孩子就很可能会对金钱、财富产生一种不正常的渴望，将自身价值与此过分关联，从而为了钱做出疯狂的事情；又或者内心的郁闷、消极情绪一直增加，积压在体内，最终在某一天以无法预料的形式爆发出来。

当然，我们并非要求父母要给孩子多么优渥的物质条件，相比于物质，内心的富饶才是更重要的。

在孩子内心足够强大、健康的情况下，物质条件不过是无关痛痒的存在而已……就像那些伟大的科学家、诗人，他们很多即便在穷困潦倒的生活中，也依然没有放弃自我，最终实现了自身价值，没有因为物质缺乏而误入歧途，没有因为生活不如意而自怨自艾。

反过来，**如果孩子的内心脆弱、卑微，那么物质条件就会像一座大山般沉重，凌驾在他的自信心、上进心、自尊心之上，稍不留神就会把他压垮。**

不要在孩子面前哭穷，也不要总是用辛苦来标榜自己。

现实生活中，这样的父母有很多，他们总是将"钱"挂在嘴边，常常跟孩子抱怨生活有多么艰难。

央视纪录片曾经讲述过一个青春期"坏"孩子的故事：

男孩名叫泽清（化名），14岁，当时已经辍学一年，整天在家上网，并且有严重的暴力倾向。泽清妈妈哭诉，经常被孩子用指甲抓，还有一次孩子竟然把她逼到墙角，拼命揍她。

在镜头下，泽清说出了自己如此"叛逆"的原因：我爸妈给我的压力好大。他们总说自己多么没钱，多么穷……他们要求我一定要很拼，否则就找不到工作，赚不到钱。

事实上，泽清的家庭环境并不差，出身书香世家，妈妈是医院骨干，爸爸的工作也很不错，爷爷奶奶退休前是大学教授。

平心而论，这样的家庭条件要比大多数人家都好，但也正是如此，父母对泽清抱有更高的期望，所以选择用"哭穷"的方式进行教育，他们本意是想激励孩子，但效果却恰恰相反。

一些家长，特别是物质条件不那么优渥的家长，他们普遍持有这样的想法，总觉得只有自己一遍遍跟孩子强调生活多么不易，家里多么缺钱，这样孩子才能理解父母的辛苦，进而发奋图强，将来有所作为。

但事实并非如此，**父母常把钱挂在嘴边，会在无形中扭曲孩子的金钱观，同时也会给孩子带来更大的压力。**

孩子是天然爱父母的，出于这种爱，孩子对父母的艰辛和不易会自然而然产生一些愧疚感，这在一定程度上会促使他们更加乖巧，更加勇敢，更加充满奋斗的力量，更加努力学习。但若父母一再强调自己的付出，这样做反而会增加孩子的负担，削弱孩子的自信心，对孩子的人格形成以及未来发展是非常不利的。那么父母应该把关注点放在哪儿呢？

三、让孩子内心充盈才是父母给孩子最好的爱

父母要做的，就是在自己能力范围内尽可能地给孩子好的物质条件，然后把教育重点放在孩子的内心建设上。

很多父母在教育孩子的过程中，总认为我为你付出了，我满足了你的物质需求，这就是爱你，殊不知孩子最能感受到的、最需要的关心是在心理和情感方面。

电影《狗十三》中那个看起来被所有人照顾的女孩为什么会因为一条狗跟全家人闹翻了天？因为那条狗既是她生活中的伙伴，也是她情感上的依靠，尽管爷爷奶奶无微不至地照顾着她的起居，爸爸也会想尽办法哄她开心，但他们从来不关心她心里需要什么。

一个小女孩家里条件不太好，升入中学后，身边的同学都很富裕，在金钱方面，她产生了强烈的自卑感。有一次妈妈来学校看她，临走时悄悄塞给她200块钱，说道："丫头，妈妈也知道咱们家条件不好，但是该花就得花，别人请咱们咱们就要请回去，别让同学瞧不起，这点钱妈妈还是拿得起的。"

看着妈妈离去的背影，女孩拿着200元泣不成声，自那之后，尽管家庭条件没有任何改善，但她再也不觉得自卑了。

当孩子的情感需求被满足、内心充裕、遍布阳光时，他整个人所展现出来的也将是积极向上的状态，他会坚强勇敢、乐观自信、不怕挫折，他的人格是完整健全的，不会轻易自暴自弃，也不会过于自满狂妄，他对自己有着清楚的认知，也明白自己要什么，应该去做什么，只因为他有一个强大的后盾，这个后盾的核心就是父母对他情感的呵护。

不要只看到孩子偷了很多钱去打赏主播，而要关心他为什么会这么做，只有明确了原因，才能更彻底地解决问题。

内心富足会让孩子离"瘾"越来越远

1　网络世界会给孩子带来虚假的价值感；
2　忽视孩子的内心，一味逼迫孩子，会导致孩子追求虚假的价值感；
3　让孩子内心充盈才是父母给孩子最好的爱。

第三章

上瘾问题怎么解决，
第一从亲密关系入手

第1节 "上瘾"管控，要从"娃娃"抓起

孩子的上瘾问题是很多家长的心头大患。我们知道，孩子上瘾是不分年龄阶段的，六七岁会上瘾，八九岁、十二三岁就更不必多说了。但不同阶段孩子的家长对于上瘾的反应，却呈现出了不同特点。

孩子两三岁的时候喜欢玩手机、看动画片、刷短视频，家长压根不着急，甚至有的还巴不得孩子玩，因为这样孩子就会安静不淘气，父母就会省心。

等孩子大一些进入学校，有了学习任务，家长的心态就有了变化，开始担心起来：六七岁的孩子，天天抱着手机玩，这可怎么办才好？

等孩子步入初中，如果孩子还是存在上瘾的问题，父母们就该抓狂了，几乎要为此焦头烂额。

作为承上启下的关键时期，十几岁孩子的身体和心理发展都是十分重要的，如果这时候孩子沉迷于网络、游戏，无疑会给自身成长和未来发展造成深远影响。所以，这一阶段孩子的父母对他们的上瘾行

为会感到格外担忧，甚至心急如焚，焦虑不安，这完全可以理解。

但是，我们也应该反思一个问题，为什么在孩子小的时候不关注，等问题已经非常严重了才着急，这样有用吗？显然是无用的，并且很大程度上还会是反作用。

一、"上瘾"管控要尽早，你对电子产品的态度决定了孩子对它的认识

"长大了就会好的"似乎是家长在教育孩子感到无能为力时惯用的自我安慰，这对一些不太严重的叛逆行为或许适用，但它并不是应对所有不良行为的"通法"。有些行为随着时间的流逝只会越来越严重，比如"上瘾"。

换句话说，你不在意、不关注、不干预，想着顺其自然问题便可以得到解决，但事实并非如此，孩子并不会因为长大了就不上瘾了。"上瘾"管控，要从"娃娃"抓起。

下面这样的场景，有些家长肯定会觉得似曾相识。

孩子一直哭闹，你劝说、安慰、吓唬，各种方法都用了，还不奏效，于是用手机找出一个动画片扔给孩子："去看这个吧，别哭了，上面好玩的可多了。"

孩子接过手机，目不转睛地看了起来，不哭了也不闹了，这让你觉得用手机哄孩子真是个不错的办法。以后每逢孩子不听话，你就会用这招。

渐渐地，孩子只会用手机看动画片、玩小游戏，而且越来越着迷，这时候你才开始后悔、着急，到处求助：怎么让孩子戒掉手机瘾呢？

孩子刚开始接触电子产品时，家长到底本着什么样的目的、抱着什么样的态度，这一点非常重要。如果你自己都把手机、电脑看作是完全的娱乐性工具，那么孩子又怎会用它来学习呢？**家长对电子产品的定位，直接影响了孩子使用这些设备时的侧重方向。**

诸多真实案例都表明，家长在孩子上瘾过程中起着至关重要的作用。如果家长能够扮演好自己的角色，进行合理干预，就能有效预防或减缓孩子的上瘾行为。

这里还要强调一点，"最初接触"并不局限于第一次拿在手里、上手操作，看到、听到都算得上"最初接触"，不要忽视耳濡目染的影响力。

我们可以假定两种情景：

一个家庭，父母常常用手机查资料、听广播、看文化节目、听歌放松，这个家庭的孩子拿到手机后会更倾向于做什么呢？

另一个家庭，父母常常用手机打游戏、看直播、刷短视频、看剧买衣服，这个家庭的孩子拿到手机后又倾向于做什么呢？

相信大家心中已经有了自己的答案。恼火孩子之前，先反思和规范自己。事实上，那些生活规律、工作积极、气氛友爱的家庭很少会出现一个玩手机、打游戏上瘾的孩子。

其实，孩子使用电子产品成瘾，一般都是从最初接触时就出现了问题，家长非但没有重视，还在无形中不断纵容，这就导致情况越来越恶劣，直到最终无法收场。所以，**预防孩子游戏、手机上瘾，需要也必须从源头就摆正方向，而这离不开家长的引导。**

二、"上瘾"管控，需要引导孩子定时定点规范使用电子产品

除了内容上的引导，对于孩子玩手机、打游戏的时长，也要从一开始就立下规矩，否则不仅会加快孩子上瘾的速度，还会带来其他方面的不利影响。

PEDIATRICS 期刊曾刊登过一篇关于电子产品、电子游戏与注意力关系的文章。文章指出，研究人员通过对 1 323 名中学生 13 个月的跟踪观察，发现**长时间看电视和玩电子游戏的儿童有更多的注意力问题。**

牛津大学的相关研究也指出，每天玩电脑游戏超过三个小时的孩子，他们对生活的满意度会比较低。孩子一旦每天玩游戏的时间超过三个小时，长久下去，就会对现实生活产生消极失望的情绪，进而沉溺于游戏世界。

因此，家长一定要控制好孩子玩电子游戏的时长。

美国儿科学会根据儿童心理特点就使用电子产品给出了一系列权威性建议，以帮助家长引导、管控孩子从出生到成年期间的上网行为，平衡互联网生活和现实生活的关系，帮助孩子更加健康、合理地使用电子产品，具体如下：

18 个月以下的儿童，家长应避免让其使用视频聊天以外的电子产品。

18 至 24 个月的儿童，已经具备了初步的认知能力，家长应选择高质量的互联网产品内容，并与孩子一起观看使用，帮助他们理解所看到的内容。

2 至 5 岁的儿童，自主意识逐渐增强，家长应该开始限制其电子产品使用时长，建议为每天 1 小时。同时，家长也要为孩子筛选优质精品内容，与孩子共同使用，帮助孩子了解他们所感知到的内容，并将其应用到现实生活中。

6 岁以上的儿童，家长要根据孩子自身情况，对电子产品的使用时长和类型进行个性化限制，确保不会取代充足的睡眠、体力活动和其他对健康必不可少的行为。

此外，儿科学会还对电子产品使用的具体时段与地点也作了说明，**时间方面建议家长可以安排在晚餐后或周末，地点应固定在相对宽敞的地方，如客厅。**

家长可以参考上面内容，尽早为孩子制定电子产品使用规范。事实上，孩子刚接触一项事物时，由于认知的缺失，是很容易接受父母的建议而形成一套规范的，但若让他尝到了"甜头"，如通宵游戏感觉很爽、连续刷短视频觉得很快乐……就很难再纠正过来了。这就像堤坝，一旦决了口，就会覆水难收。

"看到别的家长对孩子玩游戏、玩手机、看直播心急如焚，我愈加庆幸自己当初的做法。"王姐说道。

当别的家长让自己孩子可以随意看动画片、玩手机的时候，王姐就给女儿制定了严格的使用电子产品的规范，上面明确了每天可以使用电子产品的时间，包括电视、手机和电脑在内。另外，王姐还给自己和丈夫列了一条规定，那就是绝对不能轻易用电子产品哄孩子，即使哄，也要在规定的使用时间之内。

当然，有时候孩子也会闹，但王姐绝不会在这方面心软妥协，充其量用零食或者玩具来安抚孩子的情绪。

这样虽然有些"不近人情"，但确实收到了非常好的效果。

现在，当别人家的孩子天天哭着闹着要玩手机不学习的时候，王姐的女儿早已自觉形成了规范，到了该玩的时间才会拿起来玩，时间一到就会自觉关掉。

规范使用电子产品在一定程度上也锻炼和提高了孩子的自控能力。孩子天生是有一定的自控能力的，只不过因个体差异有强有弱而已，这也是为什么有的孩子无须父母过多教育就能自觉学习、规律生活的原因。

而对于那些自控能力本就较弱的孩子，父母则更要费些心思，用合适的方法帮助他们规范自己，良好的行为规范对孩子的成长至关重要。

除此之外，还有很重要的一点，就是**千万不要让孩子过早接触电子产品和游戏。**

网络上经常会出现这样的小视频：

一个几乎还不会说话的小宝宝，坐在沙发上，手指灵活地戳着 iPad 的屏幕玩游戏，评论区里是一片叫好和羡慕的声音：这孩子真聪明，比我还灵活，小娃娃不得了……

一些家长会认为在孩子很小、什么都不知道的情况下，用电子产品让他们保持安静，或者给他们玩一些小游戏不会有什么坏的影响，其实不然。

研究表明，过早接触电子产品容易破坏孩子的注意力。美国西雅图儿童医院儿童健康行为与发展研究中心曾对一些儿童进行过追踪研究，发现一岁时每天看三小时电子屏幕（如电视和手机）的儿童在七岁时出现注意力问题的可能性比一般儿童高 30%。美国儿科学会规定的"18 个月以下的儿童避免使用视频聊天以外的电子产品"这一内容，所依据的也正是这项研究。

可见，电子产品和游戏对孩子的负面影响并不是完全以孩子的认知能力为基础的，千万别觉得孩子什么都不懂，给他玩什么都没事，殊不知，不好的影响早已经产生了。

孩子上瘾并不是一朝一夕形成的，因此也绝对没有立竿见影的方法，唯有及时干预，不断引导，才是唯一的法门。

"上瘾"管控要从小抓起

1 父母对各类电子产品要有正确定位；
2 父母要引导孩子规范使用电子产品。

第 2 节　每天增加两小时陪伴，你会发现孩子的
　　　　　上瘾行为减轻了

不管大家是否愿意承认，我们都要摆出一个事实：孩子的上瘾行为，很大程度上和家长的沟通陪伴有关，和家庭气氛有关，和亲子关系有关。

一、你的"隐性失陪"或"半失陪"状态为成瘾提供了契机

现实生活中，但凡成瘾的孩子，他们中的很多都与父母、家人的关系不太融洽，尤其涉及上瘾问题时，必定是水火不容、剑拔弩张的气氛，即使表面风平浪静，心底也是波涛汹涌。

其实，**不止"上瘾"问题，几乎所有与情绪、心理、性格相关的问题都可以溯源到亲子关系上，反过来，这也证明了亲子关系对孩子成长的重要性。**

可以明确地说，预防、缓解甚至帮助孩子戒瘾的前提就是要有良好的亲子关系，而良好的亲子关系是建立在父母充分的陪伴之上的，天天把孩子晾在一边不理不睬，怎么培养感情？

随着生活节奏的加快、事业的繁忙，埋头工作的你是否注意到：

多少次深夜回家，孩子已然睡去；

多少次早上出门，孩子还在梦中；

多少次答应陪孩子玩，却一再食言……

事实上，留守不是农村孩子的"专利"。在城市，因为父母忙碌而造成的"隐性失陪"或"半失陪"的孩子数不胜数。在对"幸福生活"的追求中，这些孩子沦为了"失陪"一族。

对于年幼的孩子而言，父母是他们唯一的依靠，父母的关心和陪伴直接影响着他们内心世界的建设。当孩子的情感需求总是被父母忽视而得不到及时回应时，孩子的内心就会变得羸弱和空虚，也就更容易误入歧途，受到掌控。

网易创始人丁磊曾说，儿童经常玩电子游戏是因为孤独，缺少其他社交的选择，因此只好借助游戏来缓解。

孩子之所以觉得游戏好玩，那是因为游戏给的正面反馈比现实中来得多，来得快。很多孩子对于游戏的依赖，不过是将对父母的依赖进行了转移，他们从父母身上得不到的积极反馈会选择从游戏中去获取。

如果能在其他方面让孩子感受到正面反馈，他自然就会把对游戏的注意力分散出去，而最好的方法，就是父母的陪伴。父母多和孩子交流谈心，增加和孩子的互动活动，这样做在很大程度上可以防止孩子沉浸于游戏中。那么如何高质量陪伴孩子呢？

二、陪伴有学问，高质量陪伴要围绕内心建设来展开

"陪伴"二字看似简单，其实充满了学问。

生孩子前，总听人说熬过了哺乳期就轻松多了，可如今朋友女儿已满两周岁，朋友的日子却一日不如一日。

"高质量陪伴，我真是烦透了这个词，"朋友跟我愤愤不平地说道，"也就是我没工作，他们才这样指手画脚的，等着老娘变成女强人，看他们谁敢吱声！""得了吧，你这不会是产后抑郁吧？你老公对你够好了。"我开玩笑地调侃。"你是真不知道家庭主妇的痛苦啊，撇开别的不说，就这个陪娃，他们都能给你挑出各种毛病。每天累死累活的，不落一句好话。"朋友更加气愤了。

我意识到她是真的生气了，就收起了玩笑的语气，认真询问："怎么回事啊？"

"我也知道，现在家长对孩子的早期教育都很重视，所以别看孩子这么小，我也是每天打起十二分精神陪伴她，用各种具有启蒙意义的方式来跟她玩。可就算这样，我老公他们还是觉得我做得不够。他们总说，要么就让孩子去上个早教班，要么就让我给孩子高质量的陪伴。"

"他们所说的高质量陪伴，到底是什么样的陪伴呀？"我不解地问，在我看来，朋友每天都陪孩子看绘本、唱儿歌，已经做得很好了。

"他们所说的高质量陪伴是根据结果来说的。打个比方，一个小孩两三岁就能背诗、数数，他得到的就是高质量陪伴；如果他只会玩，在学问、学识方面什么都没学会，那就是低质量陪伴。"说到这儿，朋友已经从愤怒变成无奈了。

"这都什么跟什么啊？别说不同的孩子智力发育不同，就算都是一个水平的，也不能这么硬赶着来啊。"我说。

"谁说不是呢？唉，也不知道是谁给他们灌了迷魂汤。"朋友叹了一口气。

陪伴有质量高低一说吗？我认为是有的。但是高低的评判标准绝不是例子中所说那样，以孩子掌握的学识量为依据，而是要以孩子的内心建设为主要方向。简单来说，**陪伴不是监督孩子学习，而是要和他们一起感受生命的美好，让他们享受内心充盈的过程，进而构建强大的内心世界。**国外很多育儿课程都在强调父母陪伴的四个重点：说、读、唱、玩，而对于年龄较小的孩子来说，"玩"尤其重要。

所谓高质量陪伴，必须做到以下几个方面。

首先是积极的互动和及时的回应。积极的互动包括参与到孩子所做的事情中，引导孩子做事，并为他留下独立活动和思考的空间；及时的回应要求父母要细心关注孩子，不要忽略他细小的心理变化，认真体会他的情绪情感，然后给出合理的反应，比如孩子哭闹时，父母要做的不是气急败坏地制止，而是让孩子认识并接受自己的情绪，进而安抚并使他畅快地发泄出来。

其次是真实的经历。别总让孩子通过画面、文字来认识世界，经常带他去了解真实的生活，比如认识蔬菜，任何图片不管它多么精致多彩，都不如菜市场、超市里生动的实物。

当然，适当的学习和阅读也是必要的。从身边孩子感兴趣的事物入手，将孩子从现实带向书本，将书本上的知识与现实结合起来，这样，孩子既通过文字了解了世界，也通过真实的经历进一步感悟了文字。

这种和孩子一起感受真实生活的陪伴，其实很简单：

做饭时，可以让孩子帮忙洗菜，告诉他那些食材都叫什么，还可以随手拿起一块已经做好的食物，给孩子尝鲜。

逛超市时，可以一边走一边指给孩子看货架上的物品都是什么，有什么用处，面对孩子的问题耐心解答，让孩子帮忙挑选要买的东西，并且协助付款。

整理家务时，邀请孩子参与其中，做一些力所能及的事情，例如将袜子配对、卷好，或者将大人和小孩的衣服分类……

生活就是一个学习的生动舞台，很多不起眼的小事都具有深刻的意义，即使是买菜，只要用心，都可以成为一段给孩子积极影响的成长经历。

三、在高质量陪伴中，爸爸起着不可替代的作用

高质量陪伴还有一个重要方面，就是爸爸妈妈缺一不可。

在中国一贯的家庭模式中，母亲的付出向来要比父亲多，尤其近两年来，"丧偶式教育""诈尸式育儿"等缺乏父亲关爱的家庭生活现象更加常见，父亲对于家庭的影响似乎正在以一种无可奈何的方式被忽略。

母亲对于家庭和孩子的作用毋庸置疑，但是父亲也是不可或缺的。美国卫生部专家编写的《父亲在儿童健康发展过程中的重要性》中就列举了**"父亲功能"**的七个方面，其中**很重要的一点就是引导孩子走向家庭以外的世界。**

当代心理分析家鲁格·肇嘉所写的《父性》一书中提道：

实际上，父亲的角色被期待成教导孩子与社会发生关联的技巧，就像母亲教导孩子如何处理与他们身体有关的事情一样。

通过我们以往的经验，也可以发现这样的事实，在家庭教育中，**妈妈更擅长让孩子获得衣食起居方面的生活经验和温润的品格，而父亲则更加偏向于培养孩子的冒险精神、责任感和自理能力。**

教育学者称，父亲的可靠、稳重、威严是子女男性性格形成的基石，拥有男性性格的人更容易获得幸福人生。在没有爸爸或者父亲严重缺位的家庭中，孩子长大后出现过失行为和反社会行为的概率会更高。

男性性格是一种敢于冒险、勇于担当的气概，也是一种运筹帷幄、处变不惊的自信。

男孩若缺少男性性格，就无法成长为真正的男子汉，不能够给人以安全感，成年以后也很难成为一个合格的男人、合格的丈夫、合格的父亲；

女孩若缺少男性性格，就会给人一种不够沉稳内敛、阴郁暴躁、情绪多变的感觉，这样的女孩可能会有一些社交障碍。

父母两个角色，一个似山，一个如水，对家庭的作用同等重要但又完全不同，两者缺一不可，在陪伴孩子时更是如此。

不过，我们还应该注意到的是，父母的作用是基于父母形象之上的，换句话说，父母如果想要通过陪伴给孩子带来积极的影响，那么自身就必须具备积极的品性特征，这是对父母提出的要求。

最后，还有一点就是，父母的陪伴不要事无巨细，要留给孩子独立的空间。

父母应该懂得，你们与孩子之间的关系是一个逐渐放手的过程，不要有意无意地想着将孩子牢牢捆绑在自己身边。

陪伴的作用不是让孩子对父母形成依赖，而是调动孩子的自主性，培养他的生活技能，让他成长为一个独立、乐观、勇敢的个体，从而更好地面对将来的生活。

随着生活节奏的加快，现在的爸爸妈妈工作更加繁忙，这意味着抽出太多时间来陪孩子不是一件容易的事情。事实上，陪伴孩子的效果与时间长短并非呈绝对的正比关系。倘若你用一整天来陪孩子，但大多数时候都在看手机、上网、聊天，不和孩子交流，这样的陪伴不仅毫无意义，还可能加重孩子的上瘾行为。

高质量的陪伴不是物理意义上的陪同，而是精神上的默契和沟通。 在高质量的陪伴下，即便陪伴时间不长，孩子也能最大限度地获得幸福和成长，感受到积极和正面的能量。

孩子从父母的陪伴中获得的正面反馈越多，内心世界就会越加坚固，自制力、意志力、自控力也就越强，也就越不会从网上、游戏中获得成就感和关注度。

仅仅每天增加两小时甚至更短时间的高质量陪伴，你就会惊喜地发现，孩子会比以前更开朗、更勇敢、也更热爱生活，不会轻易被迷惑和掌控。

高质量陪伴让孩子远离网瘾

1 你的"隐性失陪"或"半失陪"状态为成瘾提供了契机；

2 高质量陪伴不是物理意义上的陪同，而是精神上的默契和沟通。

第3节 和孩子一起玩，帮助孩子收获专注和自信

在成人的世界里，语言是最普遍的沟通媒介，而在孩子的世界里，充当这种角色的却是游戏，当然，这里的游戏主要指线下的游戏活动。

一、游戏不仅可以拉近父母与孩子间的距离，而且有助于孩子的成长

联合国曾发布的一则关于游戏的报告中指出，游戏是儿童期最主要的活动，它是儿童本能的、自发的、没有目的性的行为，可以在任何时间、任何地点开展。孩子们不需要他人教导，也不需要他人强迫，自己就能主动做游戏。

正因为如此，游戏才会被称为"儿童的语言"，孩子们与成人进行的情感体验交流，很多时候都是通过游戏实现的。尤其是年龄较小的孩子，他们面临着语言表达的"负担"，游戏正好能够减轻这种"负担"，使他们的情感世界以一种更为轻松的途径展现出来。

所以，父母想要走进孩子的内心，拉近与孩子的距离，探索他们真实的情感体验，最优化、最简单的方式就是和他们一起游戏。

就像美国著名心理学家、儿童游戏治疗师劳伦斯·科恩所说：**"游**

戏是同孩子交流的频道，语言所到达不了的地方，游戏却可以。"

用游戏的方式和孩子相处，好处简直太多了。

首先，游戏是孩子自发性的行为，对他们有着强烈的吸引力，所以和孩子开展一个游戏不会很费力。父母应该尽可能地选择那些教育意义比较深远的游戏，引导孩子一起玩。

其次，**游戏当中所激发的活力、所产生的亲密感不仅可以缓解父母的养育压力，也能帮助孩子重建自信和爱的能力。**

此外，在父母的合理引导下，**游戏对于孩子专注力、记忆力、空间想象力、创造力等的提高也会产生更大的作用，甚至还能帮助孩子从挫折中重新振作起来。**

总而言之，游戏既能帮助孩子探索世界，又能帮助孩子理解每天所接触到的信息，进而更好地回归生活。

二、让孩子主导游戏，除了乐趣，孩子还将收获自信、专注等品质

不过，游戏好处虽多，但也需要一定的条件才能充分发挥出来。

条件之一，就是要在游戏时，把主动权交给孩子。

西西很喜欢玩游戏，也喜欢有人陪着一起玩，但是他却不爱和妈妈一起玩。为什么呢？

和爸爸玩游戏时，西西可开心了。他想玩什么就玩什么，跟爸爸一说，他就明白，有时候爸爸还会给西西出些好玩的点子。西西在跟别的小朋友玩时用爸爸教的这些方法，别提多拉风了，把他们都羡慕得不行。

可在跟妈妈一起玩时，西西感觉自己就像个木偶人，妈妈不但会自顾自地给西西安排很多所谓更益智的游戏，还会在西西玩的过程中延伸很多他并不感兴趣的话题，让西西去思考，并且中途会有各种限制，比如这个动作危险，那个东西不能碰……西西一点都体会不到游戏的快乐。

劳伦斯·科恩在《游戏力》一书中强调说：家长一定要在最初就让孩子去主导游戏，并且对此不要对孩子有强迫的意味。

让孩子能从游戏中有所获得的前提就是他能玩得开心、玩得尽兴、玩得疯狂。儿童教育专家罗玲认为，每个孩子的心里都有两个油罐，一个是爱，另一个是乐趣，这两个油罐为孩子的几乎所有行为提供着信心、勇气和动力。而乐趣的油罐，很大程度上来自游戏力。

孩子只有掌握主导权，才能自发地进行他所感兴趣的内容，这些内容正是乐趣的主要来源。当孩子对所做的事情充满兴趣，感到开心快乐时，他就会投入百分之百的热情和精力，也就会更加专注、更富有创造力，遇到困难也不会轻易退缩，反而会开动脑筋，想方设法去克服。

当然，让孩子掌握主导权，并不意味着父母只有附和的份儿，重要的是用什么方式让孩子主动选择你所希望的。在这一点上，爸爸要比妈妈更有优势。

前面我们提到过，"父亲功能"的七个方面之一是引导孩子走向家庭以外的世界，培养孩子的冒险精神和自理能力。

相比于母亲，父亲更会"玩儿"。这种玩不单单指玩的花样，它更体现在爸爸的喜好、性格、思维方式、社交习惯等方面，所有这些都跟妈妈的陪伴有本质的不同。

相比于妈妈，爸爸一般更"懒"，他们不拘小节，更热衷于娱乐性的内容，因此爸爸的娱乐思维要比妈妈活跃得多。在游戏中，爸爸更懂得孩子的心理，理解孩子的感受，因而也更善于引导孩子。

另一方面，一个家庭中，爸爸往往是高大可靠、孔武有力的形象，因此在爸爸的带领下，孩子更容易在游戏中获得成就感和自信心，一方面源于对爸爸的崇拜，另一方面则来自"打败"爸爸的成功体验。

实际上，不只是传统意义上的游戏，即使是电子游戏，如果爸爸能和孩子一起玩，也会产生意想不到的效果。

一位妈妈在分享儿子玩游戏的经历时这样说道：

爸爸完成工作、儿子写完作业后，在等待饭菜上桌的间隙，很多时候父子俩都会来一场"对战"，他们的感情在这样的对战中获得了升温。最重要的是，爸爸对孩子玩游戏的心情的那份理解，爸爸对游戏世界的解释，让孩子对他产生了膜拜之情。

我也曾看到过一个例子，讲的是一位父亲不理解自己的儿子为什么那么喜欢打游戏，于是自己下载下来试着玩了几次，在玩的过程中，他体验到了儿子所说的那种"爽""刺激"的感觉，就这样，父亲居然和孩子开始有了共同话题，两人的关系也不再水火不容，再后来他们竟然还一起组队打游戏，更不可思议的是，儿子开始听从老爸的建议，规定好游戏时间，不再毫无节制地持续玩了。

三、游戏使父母与孩子间的交流更"同频"

很多时候孩子沉迷于电子游戏，在家中与父母零交流，就是因为他觉得父母不理解自己，总是排斥自己喜欢的东西。而很多父母也的确是这么做的，他们很少站在孩子角度看问题，只要自己认为不对或不合理，他们就会要求孩子"奉命行事"，剥夺孩子的话语权和决定权。

不可否认，孩子因为生活经验有限以及各方面能力不足，的确更容易做出错误决定，但对于具体事物，孩子也是有自我视角的。很多事情我们不能只从成人的角度去看待，更要多去了解下孩子的认识和想法。

这就是所谓的"同频交流"。一些电子游戏中有"跨服交流"的说法，指的是不在同一服务器中的游戏、交谈，延伸意思就是指两个人说话不在一个频道上，一个顾左，一个言右，这种交流效果可想而知。但现实中很多孩子和父母之间的交流却常常是这种状态。

放学回家，可可怀着期待的心情跟妈妈说："妈妈，我的小伙伴都有游戏机，我也想要。"妈妈第一反应是可可有了攀比心，紧接着又考虑到游戏的危害，便说："玩游戏最不好了，既伤眼睛，又耽误学习，宝贝乖，不跟他们学。"

可可听了，嘴巴一噘，央求起妈妈来，过了一会儿，见妈妈无动于衷，可可把门一关回到了自己房间，一直不肯出来。

毋庸置疑，例子中妈妈的出发点是爱，但孩子却没有感受到，因为妈妈没有关注孩子所关注的，没有在乎孩子所在乎的，换句话说，妈妈和孩子是不同频的。

孩子说别人在玩，他也想要，背后隐含的信息是，他想跟大家一样，想更好地融入朋友的圈子里——他害怕被孤立。但妈妈却只看到了事情的表面，想都不想就拒绝了他的请求，传递的信息是——不应该攀比，不应该喜欢游戏，如此，双方的信息是完全错位的，这种情况下又怎能实现畅快的沟通呢？

我们表达的不等于孩子接收到的，我们爱孩子，但孩子接收到的不一定是爱的信息。渐渐地，父母与孩子之间就会形成这样的状态，一方认为我是为你好，另一方却觉得你一点都不关心我的感受。长此以往，孩子就会对父母失去期待，将父母的爱当作负担。

而游戏，是能够锻炼父母捕捉孩子关注点的能力的。游戏时，孩子的情感表达是最自主和丰富的，父母只要细心观察就能发现孩子和大人看待问题时的不同之处，逐渐掌握其中的"精髓"，久而久之，父母就能很快捕捉到孩子真正在意的地方，从而与孩子实现同频交流。

关于游戏的类型，其实任何一件事情只要对其稍做改变，都能成为游戏，包括买东西、做家务在内。

刚出生的孩子，我们会把他放在印有动物的毯子上，鼓励他多蹬会儿腿；稍大一点，可以让他抓握摇铃、牙胶，会给他买奥尔夫乐器，甚至让孩子在锅碗瓢盆上进行敲打；再大一点，可以买些带按钮的精细一些的玩具，摆上英语图文书；会走了之后，滑板车、爬楼梯或者只是在床上跳都可以；随着年龄的增长，玩具难度也要升级，厨房、收音机、磁力贴都可以买来玩；上了小学，丰富的室外活动如捉迷藏、踢球、赛跑等都能用来作为游戏内容。

在家庭生活中，有时我们可以淡化或者放下社会规则，尽情地和孩子游戏，或者竞赛，这种"玩儿"对孩子来说既有趣，又有意义。当然，多进行合作型和创造型的游戏更有益处，但从根本上讲，游戏的内容和形式都不是最重要的，最重要的是父母的爱和用心。

心理专家曾奇峰认为，健康家庭所该具有的最基本的特征是"好玩"。这种"好玩"包括轻松愉快的氛围、父母对孩子娱乐需求的关注以及和孩子之间较为随性的相处。

别把"玩儿""游戏"看作辅助性的不重要的东西，对于孩子而言，玩好了就意味着学好了，心理也会随之更健康。

和孩子一起玩，帮助孩子收获专注和自信

1 游戏可以拉近父母与孩子之间的距离；

2 让孩子主导游戏，可以让孩子收获自信、专注等品质。

第 4 节　带孩子慢跑，锻炼了孩子也健康了你

很多想让孩子戒瘾的父母，都会选择户外运动或者户外活动的方式，以此转移孩子的注意力，这是一种很好的方法。

一方面，室外环境与室内形成了隔离，这在一定程度上拉远了孩子与电子产品的距离，室外的光线、过于空旷的环境都会影响孩子使用电子产品的体验效果；另一方面，相比于室内，室外活动更加刺激，它们对于拉近亲子关系更有帮助。

而在诸多活动中，慢跑是最值得尝试的。

一、慢跑好处多

每天坚持慢跑会有怎样的体验？有一位长期坚持慢跑的男性说过下面一段话。

本人今年 50 周岁，跑步 8 年，正常情况下，隔天慢跑 5 千米。先说体型，身高 175 cm，体重基本稳定在 66 公斤；从体能上说，耐力性、灵活性、柔韧性不输于 30 多岁不锻炼身体的年轻人；外形上，认识的人都说我比同龄人看起来更年轻，有精气神儿，自我感觉皮肤

紧致有弹性，下垂得不严重；再说兴趣爱好，既喜欢蓝天白云、花草虫鱼，也喜欢节奏快的音乐，喜欢和年轻人打交道。总之，各方面都是比较年轻的状态。

可见，长时间的规律慢跑带给人的积极影响是巨大的。不止对于大人，慢跑对于小孩子也是好处多多。

首先，由于孩子身体尚未完全发育成熟，关节等部位还处于相对脆弱的阶段，因而不适合高强度的激烈运动，而相对温和的慢跑不仅不会损伤孩子的身体，还能**使肢体得到节奏性的压力，从而强健了骨骼**。

慢跑可以让大脑供血、供氧量提升 25% 左右，这会促使孩子在睡眠时分泌大量生长激素，**对身高发育有直接帮助**。

跑步还能**培养孩子的耐性以及吃苦耐劳的精神**。在跑步过程中，孩子对于目标、相互合作竞争、超越自我等也会有更深的体验，随着跑步的进阶训练，孩子的自信心也会不断增强。

跑步不仅能保护人体内现有细胞，还能促进其新细胞的生长，从而**使人的记忆力得到改善**。并且慢跑的过程既可以让孩子充分感受自然，又能和父母进行互动交流，这样有助于压力的缓解，从而让孩子获得良好的情绪。

那么，父母应该如何引导孩子进行慢跑呢？

二、科学引导孩子慢跑，让孩子喜欢上运动

事实上，**每个孩子都是有跑步天性的**，就像他们很小的时候在不会走路的情况下，需要大人架着胳膊自己铆足劲儿兴冲冲地向前走一样，他们对于运动是有天然的热爱的。只不过后来因为外界的种种影响，他们对于运动的态度才有了不同的走向。

比如有的孩子在运动时不小心摔了一跤，这让他心里有了阴影，从此对运动变得排斥；有的孩子可能运动天赋确实不高，在参加某些项目时被嘲笑，因此就不再喜欢运动；也有的孩子常年生活在没有运动热情的圈子里，进而逐渐习惯了不运动……

尽管如此，孩子对于运动的天生倾向性并没有消除，所以说，让孩子喜欢上慢跑其实并不难。

首先，父母不要用"运动白痴""不擅长运动""懒蛋"等词语来形容孩子，这种形容会给孩子带来消极的心理暗示，让他在潜意识里把自己与运动隔绝开来，从而渐渐远离运动。反过来讲，积极的心理暗示会让孩子更趋向于喜欢运动。

家长不要小看暗示作用对人的影响，你尽可以回顾自己以往的经历，看是否有这样的情形：朋友圈里，有一个卖减肥产品的好友，一开始你对她发的内容完全无感，甚至有点烦，但是一段时间后，你就会无形中被她所发的那些美好积极的事例、活动所引导，进而产生"好像确实还不错""是不是真的有点用"的想法。

所以，时不时给孩子一些关于运动方面的正面信息是很有必要的。

比如，孩子跑过去拿东西的时候，可以跟他说："你跑步的样子很好看／特别有活力。"当电视上出现运动员时，可以说："哇，经常运动的人身体线条就是漂亮。"

总之，多给孩子一些正面、积极的心理暗示，多去称赞、夸奖孩子，这样就会在孩子脑海中投射下关于运动的积极映像，久而久之，便会促使孩子的态度慢慢转变，排斥运动的逐渐会变得不排斥，对运动无感的会逐渐喜欢上运动。

其次，在孩子慢跑过程中不要指手画脚，要让孩子感觉到轻松愉快。

有的家长很重视锻炼的效果，他们十分注意跑步时的姿势，往往会在孩子跑步过程中不断指导矫正孩子的动作。如果父母很专业倒也无可厚非，但如果父母自己都不怎么锻炼，这样横加干预只会让孩子反感。

我们让孩子慢跑的目的，是要借助这个过程缓和或建立良好的亲子关系，以及让孩子体会到运动的快乐，从而将注意力从电子产品上转移出来。

因此，相比于结果，更重要的是孩子在慢跑过程中的情绪、心理状态，只有快乐、轻松地跑，才能让孩子喜欢上跑步。在慢跑过程中，可以引导孩子欣赏周围的景色，休息时，和孩子谈谈心，交流一下在路上的所见所闻。

关于慢跑的时间和距离，一般建议从 20 分钟开始，最初的速度可以自行控制，只要不停下来即可。孩子适应一段时间后，可以根据实际情况将时间增加到 30 分钟，在此基础上慢慢调整速度。超过 10 岁的孩子，距离可以适当增长，比如 5 公里。对于慢跑的频次，每星期最多 3 次，这样保持下去就可以。

除了慢跑，还有很多运动也可以让孩子尝试，将不同的运动搭配起来进行效果更佳。

相对规范的运动项目，建议孩子 5 岁之后再接触，5 岁之前应该侧重于提升身体各部位的协调能力。

对于 5 ~ 7 岁的孩子而言，可以尝试比较简单的日常运动。

这一时期，孩子的身体发育正处于稳定增长期，不能承受过高强度的运动。父母可以带着他们尝试一些简单的日常体育项目，除了慢跑外，还可以游泳、跳绳等，频率和时长控制在每周 3 ~ 5 次，每次 20 ~ 30 分钟。不建议进行长距离跑步等运动，这些运动可能会影响孩子发育。

8 ~ 12 岁的孩子在力量、速度和耐力方面已经有了一定基础，更容易养成运动的习惯。这一阶段的孩子可以开始进行定向运动能力的培养，比如乒乓球、篮球、足球、武术等。最好根据孩子的意愿挑选 1~2 项运动作为长期训练项目，再搭配几个趣味性高的项目作为娱乐。

13 岁以后，儿童开始进入生长发育的第二个高峰期，身体各项机能都处于高速生长阶段。此时可以选择篮球、引体向上、健身操等，同时，家长还可以带着孩子尝试更多具有挑战性的项目，如攀岩、帆船、滑雪等，以此来保证孩子的均衡发展和对运动的兴趣。

在重视运动的积极作用之外，父母也要注意运动可能导致的受伤问题。

美国国家安全委员会发布的儿童运动损伤现状显示，每年都有大约 350 万名 14 岁以下儿童因为运动损伤去医院治疗。

有医生透露 : 溜冰、滑滑板、骑自行车，在学校翻单杠、双杠时，都有可能发生损伤，这几类损伤在儿童人群中是比较常见的。

导致儿童运动受损的因素是多方面的，常见的有下面四个因素：

1. 所选运动项目与自身发育条件不符合，比如让年龄较小的孩子进行对协调性要求较高的运动；

2. 没有做或没有做好热身、拉伸运动；

3. 训练过度，对于8岁以下的孩子，一般每天运动不可超过2小时；

4. 场地、设备问题。

不过，家长们也不用太过紧张，只要注意以上几点，在运动时陪伴好孩子，一般不会出现严重的意外情况。

三、跑步运动之余，不要忘了我们的最终目的是增进亲子关系

不管是带孩子慢跑，还是进行其他运动项目或活动，最终目的都是拉近孩子与父母的关系。说白了，运动也是一种娱乐，是游戏的一种形式，正因如此，它在拉近人与人之间的距离方面效果非常明显。我们常说体育无国界，就是因为运动中人和人的精神和思想都会达到一种高度和谐的状态，尽管这些人来自不同国家、不同地区。陌生人都能如此，父母与孩子就更不用说了，父母要创造并抓住这个机会，好好和孩子进行心灵间的沟通。

多引导孩子说出他的感受，说出来后问问孩子有没有感觉心情畅快了许多？问问孩子让他感到困扰的事情是什么？最近有什么烦心事或开心事？让他有压力的事情是什么……这些隐藏在心底的话都可以在运动时通过合理的引导让孩子说出来。

在陪伴孩子时，我们可以暂时忘掉大人的身份，和孩子一起回归童真。比一比谁跳得更高，说一说云朵的形状，一起开怀大笑，相互扶持鼓励。其实有时候，当我们跟着孩子的脚步，从孩子的视野去看待世界时，也会收获很多，比如一种自由的信马由缰的爱，一种独特的处理问题的方式。

著名教育家陶行知先生认为，我们必须会变成小孩子，才配做小孩子的先生。用孩子的语言和孩子沟通，孩子才能听懂并受用。

带孩子慢跑，并不只是进行一项简单的运动，更像是一次亲子双方关乎身体和心灵沟通的旅程。在这一过程中，不仅强健了彼此的身体，也交融了彼此的心境。

慢跑，锻炼了孩子健康了自己

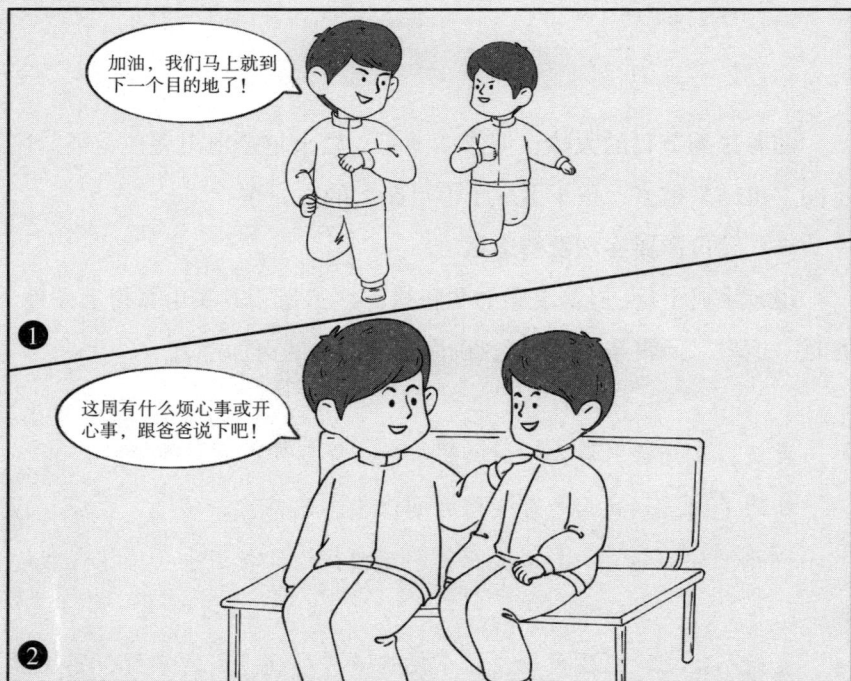

1 科学引导孩子慢跑，让孩子喜欢上运动；
2 跑步之余要注意增进亲子关系。

第5节 做孩子的"爱豆"，夺回孩子的关注

随着选秀节目的大热，偶像"爱豆"越来越多地出现在荧屏，追星的人也越来越多，孩子更成了追星路上的主力军。

一、父母需要客观看待追星

说起手机上瘾、屏幕上瘾的罪魁祸首，"追星"其实也算得上一种，并且"追星"所带来的"瘾"，也许比你想象的更加严重。

表姐的女儿特别喜欢一个偶像组合，简直到了癫狂的地步。

她的房间里到处都是那个组合的海报、明信片、信纸、玩偶、抱枕……不仅自己经常买与偶像相关的东西，还让表姐也买偶像代言的商品。

表姐不止一次向我哭诉，孩子就知道买那些没用的东西，不仅把零花钱都用光了，甚至还"节衣缩食"，正是生长发育的年纪，吃不好可怎么办？

不过，好在孩子的学习并没有耽误多少，所以表姐也就睁一只眼闭一只眼了。但她万万没想到，她的默许纵容竟然让孩子变本加厉

起来。

不久前，女儿非要拉着表姐去看偶像的演唱会，一张门票就要好几千块，表姐很是心疼，苦口婆心地劝说，挣钱不容易，这么贵的门票，真的没必要去现场看，在电视上看不也一样吗？

可小姑娘却说妈妈太抠门，太老土，根本不懂她，不理解她。母女俩因此大吵了一架，关系变得十分紧张。

崇拜影视明星、歌星产生的不良影响有很多，我也不止一次听到或看到某个孩子为了追星而做出一些让人无法理解的"蠢事"。

曾经有位辅导老师告诉我，有几个女孩子为了给自己的明星哥哥增加专辑销量，竟然都开了花呗，并且每个人花了 3000 多元去买歌。

我听后不禁唏嘘，现在的孩子为了追星，居然如此"视金钱如粪土"，全然不管这些血汗钱多么来之不易。

不久前，我还在网上目睹了一次疯狂的"接机仪式"：一位长相帅气、高大挺拔的男明星刚从大厅出来，后面一群女孩子蜂拥而上，年龄也不过十二三岁，手里拿着鲜花、条幅，眼里淌着激动的泪水，疯狂地喊叫着……

那一刻，我真不知道该感叹孩子们太有活力，还是太疯狂。

我非常理解父母们排斥、抵触孩子追星的心情，他们害怕孩子丧失理智，沉迷其中，进而做出一些不可理喻的事情。

事实上，有自己的偶像是一件很正常的事情。不可否认，很多人正是在偶像的影响下变得越来越优秀的，如乔丹之于科比、迈克尔·杰克逊之于亚瑟、李白之于杜甫、菲茨杰拉德之于村上春树。

当然，对于孩子来说，他们更热衷于追求那些帅气的男团、漂亮的女影星，甚至是网红，这就出现了类似前面案例中的不良现象。其实客观来讲，即使是追这样的明星爱豆，只要方向追"对"了，也是有积极影响的。

比如一些孩子追星，并不是只关注偶像的相貌外形，更在意他们的才华、品行、观念、生活态度，并受此影响，逐渐成为更优秀的人。很多孩子他们在爱豆的影响下，有了目标，更加努力，活成了自己想要的样子，这样的偶像就像孩子们人生的一座灯塔，指引着他们走向更美好的未来。

某个节目上，一位追星女孩这样说道：

我最爱的哥哥们就是我学习的动力，哥哥们在演出中说："虽然很感谢大家喜欢我们，但各位也要努力学习才好。"在这一句话的不断激励下，我考上了大学。

一个美术生也说，自己因为喜欢鹿晗，所以一直练习画鹿晗的素描，这使得自己的素描水平越来越高。

可见，正能量的爱豆对于孩子而言有着无与伦比的影响力，这种激励如果能够好好利用起来，孩子将受益匪浅。

所以，我们要说的是，**父母应该摘掉有色眼镜，客观看待孩子追星**，不要一提起追星，就担心忧虑得不行，不断说教苛责孩子，你越是这样，孩子越会跟你反着来。

二、引导孩子理性追星，告诉孩子追星要追"内涵"

很多孩子之所以会沉迷于追星（或是其他任何一种"瘾"），很大程度上是因为他在现实中获得的关爱、关注较少，情感和精神层面的需求得不到满足，所以才会给自己找一个新的支撑点、发泄点。对此父母如果一再反对指责，那么只会加重孩子的不安情绪，从而使孩子更加沉迷于这种行为。

正确的态度应该是，**不排斥孩子追星，但要告诉他什么才是真正的追星。**

真正的追星，是学习偶像的内在品质，是愿意为了那个让自己热泪盈眶、满眼美好的人而变得更加优秀更加努力，而不是把他的一切都当作神圣不可侵犯的事情去维护，比如在网上跟别人对骂，盲目跟风买一堆明星代言的东西，疯狂地跟随爱豆的行程……

可能的条件下，父母可以和孩子一起追星。如果父母能试着去了解孩子的偶像，孩子一定是欣喜的，这也能在一定程度上增进亲子关系。毫不夸张地说，亲子关系好了，一切亲子问题都不再是问题。

和孩子一块追星，**把"偶像"放大，让孩子看到明星华丽外表下的勤奋努力，用爱豆的种种行为引导培养孩子分辨是非的能力，让孩子有正确的人生追求和价值取向。**除此之外，在这个过程中还可以和孩子交流更多的话题，以此建立亲子间的沟通桥梁，同时也可以在孩子刚出现一些疯狂行为时及时制止，一举两得。

儿童期、青春期，孩子崇拜某些明星甚至是影视形象再正常不过了，在这个过程中帮助孩子找到理性追星的方式才是最重要的，切不可埋怨、指责、打骂孩子，避免孩子做出极端行为。

除此之外，还有一个更彻底的避免孩子沉迷追星而变得行为乖张、屏幕上瘾的方法，就是父母自己成为孩子的"爱豆"。

三、善用榜样的力量，努力让自己成为孩子的爱豆

有人说，家长对孩子最好的教育，并不是360度无微不至的照顾和无时无刻不停的教诲，而是要善用榜样的力量。也就是说，你想让孩子成为什么样的人，首先自己就要努力成为那样的人。

有一部叫《叫我第一名》的励志电影，讲述的就是一个视母亲为偶像的男孩不断蜕变的故事。

男主人公布拉德·科恩，他的梦想是成为一名优秀的教师，但是他患有妥瑞氏症，这种病会让他不受控制地扭动脖子和发出奇怪的声音，也因此，他常常受到旁人异样的眼光和嘲笑，就连他的父亲也经常打击他，他的求学和求职之路格外艰难。

好在他有一位超级硬核的老妈，那是一位离婚妇女，但同时也是一位无比坚强乐观的母亲。

这位母亲带着这样两个"不正常"的儿子（科恩还有一个多动症的弟弟），承受着来自学校和社会的种种歧视，被人嫌弃，工作不顺，生活拮据……

这样的处境让她有太多的理由去抱怨、退缩、诉苦，但她并没有。相反，她比大多数优于自己处境的人活得更加精彩。

一丝不苟的妆容，闪亮的指甲油，精致的卷发，还有用心搭配的耳环项链……每一次出场，她的妆容都无可挑剔，每一个细节都透露出这是一个认真生活的女人。

不管生活多么艰辛，她始终是孩子世界里那个金光闪闪、干劲十足的无敌老妈，举手投足间都充满了对生活的不屈和热爱。

正是在这样一位老妈的影响下，科恩对未来充满了希望，妈妈的努力和坚持、妈妈的体面和精致、妈妈的干练和勇敢，让科恩充满了自信和力量，让他相信自己一定能够打败种种困难，达到人生的高峰。

事实也的确如此，最后，科恩不仅实现了自己的梦想，还收获了美好的爱情。

事实上，**相比于那些难以触摸到的人，父母更容易对孩子产生影响，如果父母能成为孩子崇拜的对象，那么孩子受到的积极影响将会更加深远。**

父母如何才能"打败"那些充满魅力的偶像而成为孩子的"爱豆"呢？

首先，父母要有自己的核心特质。

要想成为孩子的偶像，必须要有让孩子崇拜的地方，这难倒了很多家长。其实，并不一定非得多么惊天动地的事迹、多么举世无双的才华才能俘获孩子的心。就像科恩的妈妈一样，她没有很成功，也没有多厉害，但就是这种平凡和坎坷中展现出来的对生活的不屈和热爱才更动人。

对于一个家庭而言，父亲是脊梁、支柱，承担着家庭重任，是其他成员安全感的主要来源，他可以不优秀，但必须果敢坚毅，稳重可靠，拥有强烈的责任心；妈妈是港湾，也是氛围的缔造者，家庭成员是否快乐幸福，家庭气氛是轻松愉快还是沉闷压抑，子女性格及三观，很大程度上都取决于母亲，所以妈妈不仅要温柔宽容，也要有一股韧劲儿，不能被轻易打倒。

其次，父母一定要对孩子信守承诺。

在大多数孩子心目中，爸爸妈妈最初的形象都是高大而光辉的，而当父母失信时，这种形象便开始一点点崩塌。

这是因为对于年幼的孩子而言，父母就是他们的整个世界，父母是无所不能的，而当父母许下承诺但没有做到时，孩子就会对父母的能力产生怀疑，对于世界的信任也会动摇。所以父母不要轻易对孩子许诺，一旦许诺，就要尽最大可能去兑现。

当父母给了孩子承诺并遵守时，那一刻在孩子眼中，父母就像是无所不能的超人，他们会觉得爸爸/妈妈真是太棒了，而这种感受也会在一段时间内一直留存在孩子心中，巩固着父母的闪光形象。

孩子追星不可怕，可怕的是父母没有努力转移、夺回他们的注意力，而只会气急败坏、怨天尤人。

客观看待追星，防止孩子追星成瘾

1 客观看待追星，追星要追内涵；
2 父母要努力成为孩子的"爱豆"。

第四章

解决上瘾第二步，教孩子科学使用电子产品

第1节　电子设备可以帮孩子做些什么

对于 20 世纪 80 年代的人而言，有着各种图画的小人书，简易制作的弹弓和手枪，村口的大白鹅，以及难得一吃的雪糕，它们是童年最深刻的记忆。

对于 20 世纪 90 年代的人来说，七八个石子儿、一条长长的皮筋、葫芦娃的碟片、"狗血"的韩剧、拿起就不想放下的动画书构成了他们童年里的帧帧画卷。

而对于如今的孩子，智能手机和电脑才是他们愿望清单里的新宠，是他们生活中最亲密的伙伴。

经济的发展、科技的创新在给人们带来便利和享受的同时，也带来了诸多弊端，其中手机、电脑对于孩子的负面影响占比最重。

不可否认，电脑、手机的很多功能对孩子的危害是极大的，比如使孩子沉迷游戏而不学习，使孩子专注力降低、视力下降等，因此，大多数家长在提到孩子玩手机、玩电脑时总是痛心疾首，恨不得有什么方法能让孩子永远不再碰手机和电脑。

但是，让孩子远离电子屏幕，真的现实吗？

一、我们需要客观认识电子产品

首先，我们必须承认一个事实，那就是如今社会，我们根本不能、也无法杜绝电子产品的使用，电视、电脑、手机、iPad，以及正在兴起的 VR、3D 等，已经成了我们越来越离不开的工具，从某种程度来讲，离开了它们意味着我们与时代脱轨，意味着我们将与世界分离。

另一方面，敏锐地发现生活中的新鲜事物及重要工具，进而学习并掌握它们是孩子的天性，也是孩子探索世界的重要环节。

因此，对待电子产品，我们不能一概否定，控制孩子接触屏幕无可厚非，但是杜绝使用却是不行的。

从这个角度来说，孩子对手机、电脑的不合理使用，也是源于家长对这些产品的错误定位。家长将手机、电脑视为"祸害"，那么在孩子玩手机的时候就会担忧、害怕，并对孩子使用手机的行为进行错误解读，而后用呵斥、责备等错误的方法来制止，这样不仅没能让孩子远离电子产品的"危害"，反而加重了孩子的反抗情绪，使得他们更加频繁地接触电子产品，这样的情况，再加上缺乏正确的引导，孩子被手机、电脑中的不良功能吸引而无法摆脱也是预料之中。

所以我们说，**让孩子不对电子产品上瘾的前提其实是父母要客观认识它们。正确的理念应该是用积极的态度承认并接受，在此基础上，想办法掌控它，使其优势为己所用，转弊为利。**

二、我们需要正确使用电子产品

手机、电脑等电子产品究竟能为孩子做哪些有价值的事情呢？

第一，手机和电脑可以让孩子快速搜索、获取他想要了解的东西，

对孩子的学习有很大帮助。

百度等搜索引擎能够让人快速获取自己需要的内容；百词斩、有道词典等英语类 App 可以让孩子随时随地学习英语；一些公开的学科课程、专题讲座、文化类节目，如百家讲坛、文化中国、诗词大会等，能帮助孩子更好地学习和理解正在学习的学科知识，体会中国文化的博大精深；知识类 App、网站、论坛包含着丰富的课外知识，其中一些多层次多角度的观点可以帮助孩子转换思维模式，养成多角度客观看待问题的习惯……

总之，手机、电脑借由互联网生成了诸多能够传输知识的功能，如果孩子能善用这些功能，不仅有助于自己的学校学习、科学文化知识的学习，也有助于生活经验的获取，对认识和探索世界很有帮助。

第二，可以有意地让孩子使用手机、电脑进行一些与设计、绘画或写作等相关的内容，最好能让孩子将这些功能视为电子产品的主要功能。

尽管在大人观念里，信息检索、写作绘画、制图做表等实用性用途是电子设备的公认用途，但对孩子而言，这样的意识其实并不深。帮助孩子理解电子产品的各种用途，并引导他们以此解决生活中的问题，这样有助于孩子更加深入地理解认识电子产品，让孩子真正认识到电子产品并不仅仅是社交媒体和视频媒介。

女儿在客厅全神贯注地玩手机，就连我走到她身边都没发觉。我悄悄地看了看女儿的手机，屏幕界面在手指的快速游走下不断变化，

"小孩子真是灵活啊！"我心里想。

一会儿后，女儿抬起头活动脖子，这才看到我在旁边，就问："妈妈，你是不是又要说我玩手机了？"

"不，妈妈这次有求于你。"我脑子里突然冒出个想法。

"什么事情？"女儿问。

"妈妈工作上的事情，我觉得你能帮助我。"我说。

"可是，你的工作我都不懂啊。"女儿一脸不可思议。

"不需要懂太多，就是做一个表格，然后计算下数据。"我说。

我打开电脑中的一个文件，把那项工作找了出来，告诉了女儿要求是什么。女儿对表格和计算并不熟悉，但是学得很快，她按照网上的流程很快就弄好了一大半。

"闺女，你可真厉害，要是我，学半天都学不会。"我说。

"还行，也不是很难。"女儿嘴上不在意，其实得意的表情都藏不住了。

从这之后，我经常有意无意地找女儿做表格、画图，大概由于第一次体验还不错，女儿也愿意帮我的忙，在这样的过程中，女儿的电脑技术也得到了锻炼，达到了很高的水平。

人总是乐于展现自己的优势，现在女儿常常会主动使用电脑的绘图、制表功能处理生活和学习中的事情。比如有一次她复习数学时觉得脑子非常混乱，于是便打开电脑自己做了一张思维导图，瞬间知识点便一目了然了。

现在很多孩子都会在潜意识里把手机、电脑当作娱乐性工具，而忽略了它们的其他实用性功能，这也在一定程度上加深了父母对电子产品的偏见。事实上，父母这样想是很不客观的，扪心自问，手机、电脑的积极功能真的不多吗？

当然不是，电子设备是一把双刃剑，用得不好，孩子沉迷；用得好，利于孩子成长，关键要看父母如何引导和监督孩子。

当孩子对电子设备存在片面理解时，身为父母，应该板正他们的想法，让他们正确地客观地去认识电子产品。

第三，对于手机和电脑的娱乐功能，如果将其利用好了，也可以让孩子在繁忙的学业间隙得到充分放松，进而更加专注地学习。

儿子每次过周末，一回来就会拿起手机开始玩，但是我并不担心。

因为我知道，一个小时后他就会放下手机去认认真真地写作业，这是我与儿子刚定下的规矩，也是我们对彼此的信任。

以前，我特别看不惯儿子玩手机，因为我觉得那不仅对眼睛不好，而且还耽误学习。但儿子告诉我，玩一会儿手机让他感觉很放松，长时间学习的疲劳瞬间就会消减，对此我自然是不信的。

于是，每一次他拿起手机时，我的唠叨也就接踵而至了。有一次，儿子实在受不了，就跟我说："妈，你不是说我玩手机会耽误学习吗？这样吧，我们来打个赌，下个月我们就要期中考试了，这个月你不要唠叨我，我保证成绩不会倒退，好吗？"

"那如果你倒退了呢？"我问。

"那以后我玩不玩手机都您说了算。"儿子说。

后来，考试成绩出来了，儿子退步了，但只是退步了一点点，我明白这并不是他玩手机导致的，于是我主动说道："儿子，我知道你玩手机并不是没有节制的，这次成绩退步了一点是偶然，我不是不讲理的人，妈妈只是怕你玩手机上瘾，对身体和学习都不好。这样吧，我们来为你玩手机的时间定个规则，这样你玩得顺心，我也安心，怎么样？"

儿子欣然应允，于是就有了开头那一幕。

事实上，手机、电脑中的游戏同娱乐活动一样，都具备娱乐性质，它们在一定程度上可以帮助孩子放松身心，但这种积极作用有一定的前提，比如在一定的时间范围内、不可连续使用等。

电子产品其实并没有那么可怕，只不过孩子因为年龄小，所以在使用时会存在一些隐患，父母的作用就是尽最大努力巧妙地将这种隐患降到最低，但绝不是生硬地直接否定。父母要为孩子充当信息过滤器，引导孩子获取对自己有益的内容，让孩子把电子产品的使用当作一条丰富和提升自我的途径，将其娱乐性视为附加功能。

综上，我们可以得出这样一个结论，倘若孩子能够把电子产品的使用控制在合理的时间范围内，并且尽可能地利用其与学习、增长见识相关的功能，偶尔娱乐放松，而不是无节制地将大把时间用在毫无意义的事情上，那么，这些电子产品对孩子成长的优势就能充分发挥，电子产品对孩子来说就不再是一个贬义词了。

在电子产品的使用上，我们需要找到一种平衡，这种平衡需要父母用心与孩子一起摸索才能达到，一顿苛责、一次打骂、一次心血来潮的方法实施是很难实现的。

曾几何时，"80后""90后"因为对弹珠、纸板扑克牌的痴迷，对小说、韩剧的追捧，而被称作毁掉的一代、废掉的一代，但他们被毁了吗？被废了吗？并没有。

只能说，每一代人都有他独特的娱乐方式，家长的担心是可以理解的，但无须过激。

父母们真的没必要把电子产品视为仇敌，反而要把它们当作朋友，客观地认识并好好利用它们，利用它们给孩子的生活增添色彩，拉近与孩子的距离，这样难道不比整天与孩子怒目相对却又无济于事更有意义吗？

电子设备并不是孩子的敌人

1 正确认识电子设备很重要;
2 引导孩子正确使用电子设备;
3 用电子设备玩游戏要适时适度。

第 2 节　这样玩游戏，可以锻炼孩子的思维和协作能力

为了阻止女儿玩手机游戏，李姐不仅报了警，还砸坏了两部手机。

李姐的女儿小云不知道从什么时候开始喜欢上了玩手机里的网游，并且一天比一天着迷，对此，李姐不知道说了多少次。

两天前，小云过周末，从学校一回来就拿着手机进了卧室，除了上厕所基本没出来过，吃饭也要李姐叫好几遍才出来。

下午李姐突然有事要出趟门，就喊小云在家看着点炖的肉，小云应是应了，但心思都在手机上，结果李姐一回来，发现炖的肉差点都熬干了，李姐心里本就对小云玩游戏窝着火，这下更是气不打一处来。

"小云，你给我出来！"李姐大喊一声。

"干什么啊，没空！"只要一打游戏，小云的脾气就会变得异常暴躁。

"我走的时候怎么说的，你看肉都成什么样子了？就知道玩游戏！"李姐说着，就进了小云的卧室。

"哎呀，这不没事吗？下路，下路，干吗呢……"小云边盯着"战况"，边回应着妈妈。

李姐看到这一幕，实在忍不住了，上去就抢小云的手机，小云注意力都在游戏上，手机一被抢走，瞬间就火了："妈，你发什么疯啊，我快输了，快点还给我！"

李姐看女儿压根没听进去，火气瞬间窜到了头顶，"啪"就把手机摔到了地上，小云被吓了一跳，紧接着又叫嚷起来，娘俩吵得不可开交，最后小云把妈妈推出了门外，并把门反锁了起来。

李姐在门外喊了半天，小云也不开门，李姐就报了警，警察破门而入时，小云正用另一部手机"拼杀"得起劲儿。

李姐见状，又把手机夺过来狠狠摔在了地上，见没摔坏还使劲跺了两脚，把在场的民警都看呆了。

提起孩子打游戏，很多家长都和例子中的李姐有着同样的担忧和怒火，因为电子游戏的危害实在太多了！

比如，影响身体健康。

孩子玩电子游戏一般会久坐或躺着，总之怎么舒服懒散怎么来，长期如此，很容易引发肥胖，也更容易出现体位、肌肉和骨骼疾病，如肌腱炎、腕管综合征以及颈椎病等。

电子设备的屏幕一般亮度较高，对眼睛有刺激性，再加上屏幕抖动、电子屏细微的闪烁，长时间注视屏幕，眼睛容易疲劳，从而导致视力下降、患上干眼症等。

部分电脑、手机游戏中不乏色情、血腥暴力的情节和不文明的语言交流，长时间处于这样的游戏环境中，孩子的心理就会发生变化，他们会逐渐封闭自己，变得与现实生活难以相融，不喜欢和外界交流，严重的甚至会混淆游戏和现实，将游戏中的暴力行为延伸到现实中。

当然，最重要的是耽误学习。但凡沉迷游戏的孩子，要么成绩会一直提不上去，要么就是成绩一落千丈。

有一名网友分享了自己妹妹沉迷游戏的事例：

从小妹妹就特别受家里宠爱，她要什么家里就给什么，父母恨不得把天上的星星月亮都给她摘下来。

早在幼儿园时，妹妹就有了平板电脑，上小学一年级时又得到了一部手机。当然，家人也都是出于好心，希望她可以搜索资料，更好地学习。谁知道，她自己居然摸索到了一系列游戏，现在天天跟同龄人"开黑"，打游戏时张口闭口都是脏话，既不写作业，更不看书，成绩倒退得特别厉害。

孩子一旦游戏上瘾，脑子就会被游戏所控制，做什么事情都会想着赶快结束好去玩游戏，就算捧着书看，心思也不在学习上。

这些危害似乎也都通过不少现实事例得到了证实，所以家长的担心和排斥不无道理，但是，凡事都有两面性，游戏也不例外。

研究表明，玩游戏的好处包括但不限于提高视觉能力、有助于智力发展、有助于训练手脑协调能力、培养合作精神等。

以改善视觉能力为例，一项新的研究表明，玩"动作"类电脑游戏可以提高夜间完成阅读和驾驶等重要任务时所需的视觉能力，可以让人们在同一颜色背景下分辨出灰度的细微变化，这也是第一个随着年龄增长而衰退的视觉能力。

这些似乎颠覆了我们的认知，家长肯定会说，如果玩游戏有这么多好处，那还管什么？让孩子放开了玩呗！可现实却是，喜欢玩游戏的孩子从游戏中获得的坏影响远远大于好影响。

一、选对游戏类型，游戏的价值便能充分体现出来

为什么现实生活中玩游戏的好处很难体现出来呢？原因就在于游戏类型没选对。

电子游戏的种类非常多，每一类游戏其实都有自身的特点，将游戏的特色与孩子的特点相结合，让孩子在特定的年龄玩适合孩子特点的游戏，这样就不容易出现失控的后果。上面例子中的"妹妹"其实就是因为玩了"不合适"的游戏才会在短时间内"性情大变"。

对于游戏类型的选择，我们**优先建议的自然是益智类**。什么是益智类游戏呢？就是对孩子智力发展益处比较大，能锻炼脑、眼、手的配合使用，提高逻辑力和敏捷力的游戏。比较简单的如拼图游戏，复杂一些的如编程游戏、迷宫游戏等。

另一方面，益智类游戏还有一个非常受家长欢迎的特点，那就是不容易上瘾，但这也正是它相对于王者荣耀、英雄联盟等一类游戏的"短板"。

不容易上瘾，则意味着它缺少吸引力，缺少能唤起人激情的设定，孩子很有可能不感兴趣。对此，我们可以从两方面着手解决，一是尽量找有趣的、符合孩子"口味"的益智游戏，二是家长跟孩子一起玩，或者让几个小朋友一起玩，以此调动孩子的积极性。

兴趣并不是天生的，是后天引导和培养出来的。知乎上有一位程序员父亲分享了自己引导儿子玩编程游戏的经历：

现在的小朋友们生活在互联网高度发达的时代，个个都会玩手机玩电脑，尤其喜欢玩里面的游戏。

在我身边，很常见的一个现象就是父母们一方面不得不把手机给孩子玩，一方面又十分担心孩子会沉迷游戏。

我自然也是有这般担忧的，我的儿子在三岁时就已经开始接触手机、iPad，现在也有了自主使用这些工具的时间，想要杜绝他接触电子产品显然是不可能的，那么怎样才能两全其美，既满足孩子娱乐的需要，又避免其沉迷游戏？

我看了不少市面上孩子们玩的游戏，发现其中很多都只是为了打发时间，或者纯粹为了盈利针对人性弱点而设计的游戏，比方打怪升级、玩家互殴等，这些都没什么意义，不适合小朋友玩。

那么，到底该给孩子玩什么呢？大概是作为一名程序员的原因，我很快就想到了编程游戏。

于是，我马上上网搜了一堆，然后先自己逐个玩了一遍，筛选出了几个自我感觉适合儿子玩的。

那天，儿子从幼儿园回来，我就让他先看着我玩，不一会儿，他便主动要求亲自上手操作，目的是要比我更厉害。儿子自己玩了几次后，再加上我时不时的指导，很快就有了心得，成功通过了简易关卡，随后又向难度更高的任务挑战。

有时候，我们也会在一起比赛着玩，当然，我会不时地假装输给他。不过，儿子在这类游戏上也的确有些天分，这可能也是他很快就喜欢上这些游戏的原因吧。

让我印象最深刻的是儿子刚开始玩的那款编程游戏，算是入门级别吧。游戏内容非常简单，就是根据地图为小车规划好前进的路线，然后将这个规划写成程序，例如向左向右、向前向后等。

对于很多不了解编程的人来说，编程是一件挺复杂的事情，刚开始学习时，就要接触条件判断、循环、函数、变量等让人听着就头大的内容。其实，如果能让孩子在小的时候接触一些这方面的东西，他们慢慢就会形成相关的思维，到长大真正想学时也就不会很吃力。

这款编程游戏学习曲线非常平缓，通过一关又一关的反复练习，孩子能很快体会到一些编程的感觉。四岁的儿子在我的指导下玩了一两关，后面的便都能自己搞定，他玩得特别开心，我也很惊喜。

例子中的爸爸利用自己的职业优势引导孩子玩起了既能开发智力、又可能对孩子未来有价值的编程游戏，而代替了那些意义不大、又极易上瘾的游戏，同样是玩，但意义却是不同的。很多人一听到编程，就会联想到 C++ 等复杂、烧脑的计算机语言，其实，如今小朋友学习编程大多都是流程化、图形化、游戏化的形式，利用这种形式，他们在短时间内就可以制作出酷炫的作品。

二、将电子游戏实景化后，孩子自愿放下了手机

除了选择游戏类型，我们也可以尝试将电子游戏实景化，这样孩子既能远离屏幕，还能获得相应的锻炼。

有一位妈妈说女儿四五岁的时候很爱玩"植物大战僵尸"，小小年纪的女娃娃也不出去跟小朋友玩，每天缠着大人要手机。

为此，妈妈想了很多办法，比如给她买芭比娃娃、买画笔一起画画，但大都坚持不了几天。

那干脆陪她一块儿玩吧！于是，妈妈在网上买了一些植物大战僵尸的头套，让女儿请来一些小朋友，一群人时不时地进行一场真人版植物大战僵尸。每次女儿和她的小伙伴们都玩得不亦乐乎，在手机上玩的次数和时长也都大大减少了。

不仅如此，在真人游戏过程中，女儿还摆起了指挥官的架势指导小伙伴们，让他们彼此好好配合。

把游戏中的场景还原到现实中来，这种方法有很大的局限性，一些场景特别复杂的游戏很难做到，这时候我们可以考虑"平替"，即简略场景而深究其核心。以"王者荣耀"为例，毫无疑问，里面的人物、场景我们都很难在现实中模拟出来，但其核心内容我们可以总结为"打仗""攻城"，这样的话，现实中我们就可以利用"军事沙盘模型"来让孩子排兵布阵。将电子游戏实景化一方面可以减缓孩子沉迷游戏的程度，另一方面也能锻炼孩子的动手动脑能力。

当然，以上方法的使用也是有前提条件的，那就是一要和孩子有良好的亲子关系，孩子能够认真聆听你的建议，这在上一章已经做过详细阐述；二是孩子年龄不能太大，十几岁的孩子已经具备了很强的自主意识和较高的认知能力，不会被这种比较低幼化的引导所触动。

除此之外还有一点需要特别注意，那就是，**所有针对戒瘾的方法、措施都是建立在孩子"瘾"性不深的情况下，如果孩子已经"走火入魔"，任何办法都将无济于事。这也提醒家长，防止孩子上瘾要趁早，最好从他接触电子产品时就开始有所行动。**

这样玩游戏孩子不容易上瘾

1 益智类游戏有助于孩子的智力发育；
2 将游戏实景化，可以让孩子远离屏幕。

第 3 节　世界很大，计算机与互联网是孩子认识世界的一道窗口

　　如今，很多家长对孩子使用电脑都是喜忧参半，甚至多数情况下，忧多于喜。

　　的确，互联网时代，电脑是把双刃剑。在很多家长看来，伴随着功能和信息的丰富，电脑对儿童的危害似乎也在与日俱增，但我想说的是，电脑或其他电子设备是目前也是未来一种非常重要的工具，让孩子在适当的时候认识并学习使用电脑是非常有必要的。

　　小时候，家庭不富裕的我在进入高中前都没怎么摸过电脑，只有在学校上微机课的时候才有和电脑近距离接触的机会。

　　然而，当我看到旁边同学熟练操作电脑、飞快打字时，一种近乎自卑的、并带有强烈窘迫感的心理就产生了，它促使我对电脑产生了恐惧。

　　记得一次微机考试，很简单的题目，但我就是很紧张很害怕，觉得自己完成不了，尤其是身旁有人的情况下，我会更加局促不安，感

觉自己就像一个被警察注视的小偷。

这种恐惧伴随了我整个求学生涯，甚至工作之后我对要用电脑处理的工作还会感到十分不自信。

电脑在当今社会的重要性不言而喻。

一、计算机与互联网能够拓宽视野，帮我们更好地认识世界

相对于传统媒体而言，电脑不仅有着绝对丰富的呈现形式，而且功能完备，它可以同时显示文字、图像、声音、色彩等信息，也具有绘画、播放、录音、修图等功能，如果好好利用，它便能成为一种很棒的学习工具。科学使用电脑不仅可以让孩子获得知识，也能促进儿童智力如想象力、理解力、记忆力、思维能力的发展，还能使儿童非智力因素如兴趣、意志、动机等有所加强或提升。

一位父亲曾带着遗憾如此坚定地写道：

电脑，电脑真的是个好东西，从某种程度上说，它可以带给人更大的世界。

遗憾的是，人到中年，我才明白这个道理。世上有价值的兴趣爱好太多了，唱歌、画画、写作……不过是冰山一角，人只有接触更大的世界，知道得更多，才更有可能找到自己真正喜欢或擅长的，进而发挥自己的价值。

就拿我一个朋友来说，他有一个特别"不正常"的喜好，就是玩虫。他经常到荒郊野外、山上草地兴致勃勃地去捉虫子。有一年夏天，

他赤膊上山布置"金蛉子"陷阱，被蚊子咬得浑身是包，我们都笑话他"神经病"，可他却拿着自己捉到的一堆"金蛉子"得意扬扬地说道："你们懂什么！"

对玩虫如此痴迷的他不仅结交了很多虫友，还通过一位虫友的引荐做了某专刊的责任审稿人，赫然和院士并列于封面上，而他本来不过是一名普通的打工人而已，像他这样玩虫也能玩出这般高境界的，我着实没见过几个。

我这位朋友的玩虫生涯正是从网络论坛开启的，所以我说电脑真是个好东西，它可以带给人更大的世界。

庆幸的是，我现在明白了这个道理，它可以让我的孩子接触到更大的世界，这是作为家长最应该带给孩子的。

的确，世界上有意义的事物数不胜数，可惜的是，大多数人都被束缚在小小的框架中，认为只有极少数的工作、职业、技能才能实现个人价值。比如很多家长都会以老师、医生等为最理想的职业，希望孩子将来能够从事这些职业，而忽略了孩子自身的兴趣爱好。

这样对孩子的未来进行规划是有问题的，我们应该从孩子的兴趣爱好出发，引导他在自己喜欢的、有优势的领域深耕发展，而不是将父母的希望强加在孩子身上。

可是，这样做我们又会遇到另一个问题，那就是孩子不知道自己到底喜欢什么，或者我们认为他喜欢的东西无法上升为一种有意义的职业或兴趣，不能带来实质性的价值。

之所以有这样的困惑，原因之一就在于父母以及孩子对世界的认知太过局限。如果你认为世界只是一支笔，那么你便会尽最大可能使用这支笔，并将其作为最伟大的事业，但若跳出这个怪圈，你就会发现自己的想法是多么无知。只有接触广阔的天地，了解更大的世界，才会知道自己究竟喜欢什么，适合什么，也才能进一步将一种简单的喜好进行长远规划，从而使其成为自己的终身事业。

而计算机与互联网便可以帮助我们打破这种局限。计算机与互联网是孩子拓宽视野的一大窗口，其中跟紧时代潮流的包罗万象的内容，或许正是孩子实现自我价值的触发点。

在微博上曾看到过这样一个例子：

小学三年级的时候，家里买了一台笔记本，从那时起，我就对电脑有了浓厚的兴趣。不过由于懂得少，上面东西又不多，所以玩得并不尽兴。

直到有一天，我去小姨家打开了她的电脑。

小姨的电脑界面非常漂亮，小姨告诉我她是用美图秀秀设置的，我打算自己也保存一份，于是，就自己摸索着将快捷方式保存在了自己随身携带的U盘里，结果回到家打开电脑试用了一下才发现根本用不了。

因为这件事，我开始不断学习了解有关电脑的各种知识。

四五年级的时候，我几乎每天放学回家都会打开电脑以搜题名义去鼓捣各种东西。我记得自己当时下载了各种工具，它们可以实现文件格式的转换、对文件加密等功能，另外，我对计算机语言也了解了一些。总之，就靠着自己摸索领悟，我对电脑有了一知半解。

再后来，我们学校机房更新，CRT 显示器都变成了 LED 显示器，系统也升级为 Windows7 操作系统，这些都为我进一步研究计算机提供了基础。有一次，我还将自己做的程序在微机课上给旁边的同学展示了一番。这时候，我相信自己已经有了足够的能力去"搬运"一个软件，于是就把学校电脑上的 Photoshop 软件复制到了自己 U 盘里，准备把它安装在家里的电脑上自学，然而，结果又是以失败而告终，这也让年幼的我更加明白了电脑知识的深不可测，于是更加努力地钻研起来。

现在，我已经从事与计算机相关的行业，因为自己对它很感兴趣，并且从小一直在不断摸索学习，所以做起来也不吃力。工作之余，我仍然热衷于捣鼓电脑里的各种东西。

我喜欢现在的工作，也有信心做出成绩来。

例子中的主人公通过对电脑的探索找到了自己热爱并且有意义的工作。举这个例子就是想告诉大家，电脑对孩子积极的影响也是有很多的，当然可能大多数孩子不会像例子中的主人公那样对程序、操作等感兴趣，但只要使用得当，益处也是极大的。而父母的作用，就是引导孩子科学使用电脑。

二、正确引导孩子，让电脑或其他电子设备成为有助于孩子成长的学习机

谈到父母的引导作用，不由得想起了一个故事，那是一位妈妈写给儿子的信：

亲爱的儿子：

如果你看到了这张便条，那一定是你的电脑出了问题，上不了网了，你不用给网络供应商打电话，也不用反复查看浏览器。

你只要按照我说的做就行了。

你先拿着玄关柜上的药单去街角那家药房给爷爷买药，顺便再到小商店买两袋牛奶、一袋切片面包和一包茶，在路过车站旁边的菜摊时买两公斤土豆、半公斤圆葱和一个大头菜，以上所有收据都要收好。

回来之后，你要抓紧时间做作业。尽管你今天的作业不多，只有数学，但这绝不是你一直拖到深夜的理由。作业写完后，把自己房间收拾一下，所有东西整理好后，数一数搁架上的光盘和玩具以及箱子里的汽车和变形金刚，记住它们的数量。

上面事情都做完后，你就可以上网了。你点击浏览器，在界面弹出窗口需要输入密码时，你依次输入你所做的数学题答案，药房、商店购物收据上的金额，以及你房间中各种玩具和光盘的总数就可以了。

我相信你一定能顺利上网。我晚上下班回来后给你讲一个女黑客成功袭击微软服务器和恐怖分子的故事。

吻你！你的妈妈。

很多人在看完这个故事后，瞬间会觉得这位妈妈很厉害，但转念一想又会觉得不切实际。其实，现实中也用不着这么复杂。

儿子接触 iPad 不久，一次，他把我拉过来说："爸爸，我会用 iPad 写字了，你来看看。"

说实话，我有点惊讶，因为我从来没有教过他在电子设备上打字或写字。

儿子一笔一画很认真地写完，并告诉我它的读音。我摸了摸他的头，对他表示了肯定。

儿子是在一款儿童汉字 App 应用软件上写的，那是几天前因为有限免活动，我偶然间下载下来的，没想到儿子竟然自己主动利用它进行了学习。

事实上，孩子起初想要接触电脑或其他电子设备的目的一般都很简单，他们中有的是受好奇心驱使，有的是想练练打字或者查找资料，以此来解决学习中遇到的问题，很少有孩子一上来就想玩游戏、查看不好的网站，因为他们压根不懂，也不会操作。很多不好的信息都是孩子偶然发现，进而因为好奇而深入接触的。

所以，家长引导孩子的又一个重点是把禁忌的、需要注意的、有风险的情况尽早跟孩子讲清楚，说明白，同时也要做好监督。

家长应该尽早让孩子知道使用网络的安全底线，比如不能在任何人都能看到的网站放自己的私人照片，不能把自己的住址、身份证号等私人信息透露给别人；不要去回应任何带有威胁或不当信息的言论，一旦发现要及时告知父母；在网上交网友，要把这位朋友介绍给爸爸妈妈，就像在现实生活中一样；网页闪烁的广告、图标不要轻易去点……

父母可以定期检查孩子的浏览记录，但要把握好度，不要管得太多，否则会引起孩子的反感，更不要小题大做，草木皆兵。

电脑这个东西，究竟是消耗人的娱乐机，还是有助于孩子成长的学习机，很大程度上取决于我们家长。如果有一个正确的方向并进行良好的规划，那么它就是非常棒的学习机；但是家长如果懒惰了，那么它就会成为影响孩子成长的"毁人机"。

育子秘籍

互联网是孩子认识世界的窗口

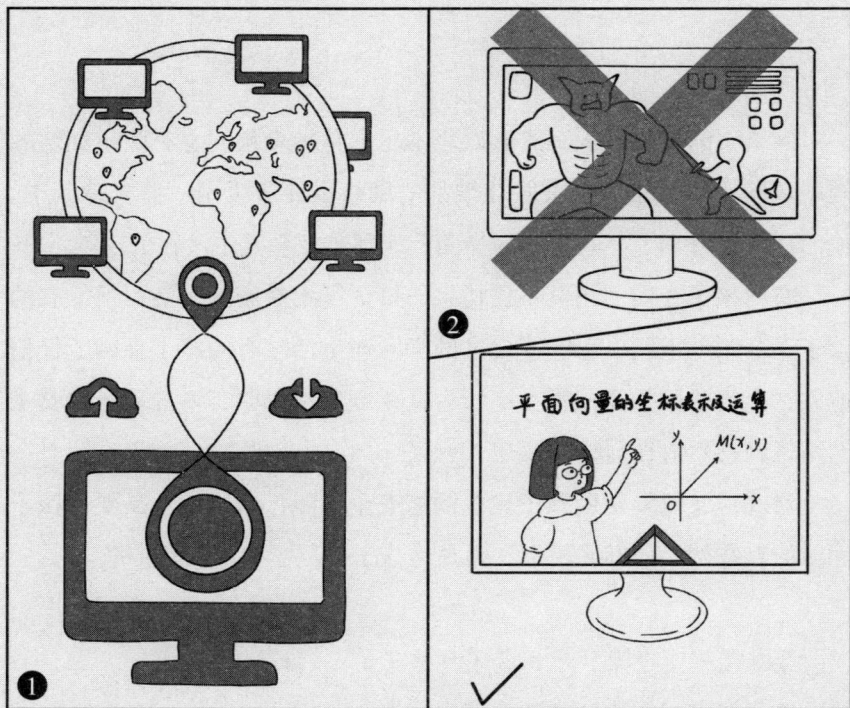

平面向量的坐标表示及运算

$M(x, y)$

1 计算机和互联网可以开阔孩子的视野；
2 正确引导孩子，让电脑或其他电子设备成为有助于孩子成长的学习机。

第4节 帮孩子建立网络安全屏障

网络空间信息量大，既有取之不尽的精神食粮，也有防不胜防的网络风险。孩子很容易被眼花缭乱的网络世界所吸引，并沉迷其中，他们往往只看到了互联网好的一面，而很难发现其中潜在的风险。

有的孩子在网上浏览不良信息，染上了不健康的生活习惯；有的孩子无节制地上网，影响了自己的学习与生活；有的孩子在网上轻信他人，上当受骗遭受侵害……所有这些现象都说明，增强孩子的安全上网意识已然迫在眉睫。

对此，父母要帮助孩子建立网络安全屏障，这样做不是要将孩子面前的互联网大门彻底关上，而是为孩子的科学上网保驾护航。

要善于网上学习，不浏览不良信息。

要诚实友好交流，不侮辱欺诈他人。

要增强自护意识，不随意约会网友。

要维护网络安全，不破坏网络秩序。

要有益身心健康，不沉溺虚拟时空。

这是《全国青少年网络文明公约》的内容，也是每个青少年在上网之前都要学习的内容。简单的几句话，将健康上网行为与不良上网习惯依次罗列，可以让孩子清晰地了解如何科学上网。

当然，只让孩子了解这些口号显然是不够的，父母还要从多个方面采取措施。

一、合理管控孩子的上网时间

做任何事都要有限度，超出了必要限度，就会产生负面效果。无论是上网学习，还是打游戏，都要合理管控时间，如果孩子做不到这一点，父母就要循序渐进地引导孩子养成习惯。

我家孩子是管不了了，我不让他用太长时间电脑不是为他好吗？你看那黑眼圈，多睡点觉不好吗？

这是我在调研时遇到最多的情况，大多数父母一上来就是诉苦，说孩子不体谅自己的良苦用心，说自己什么办法都用尽了。事实也的确如此，拔网线、收键盘、砸电脑……一些父母亲测了这些方法，但都没什么用。

在管控孩子科学上网这件事上，采取强制手段的效果多不理想，引来孩子的激烈对抗不说，造成财物浪费也没必要，父母可以试着采取一些"柔性"方法。

现在有很多可以设置上网时间的软件，父母可以通过这些软件来规划孩子的上网时间。最初可能是强制性的要求，时间长了，孩子便会在规定时间内合理安排自己的上网活动。

跟孩子约定上网时间，也是一种培养孩子时间管理能力的好方法，约定的时间不要太短，也不能过长，可以在听取孩子个人意见的基础上，共同确定一个时间。

二、提醒孩子保护好个人隐私

不要在网络上发布自己的任何信息，这是父母必须要提醒孩子的。小孩子对网络世界的风险缺乏认知，对个人隐私的重要性也知之甚少，父母既要告诉孩子个人隐私包括哪些内容，也要让孩子知道哪些上网行为会暴露个人隐私。

在大多数孩子的认知中，自己在微信朋友圈或是短视频平台上发送照片、视频是一种正常行为，毕竟身边很多大人都在这样做。但对于缺乏自我保护能力的孩子来说，这些照片和视频会泄露大量关于个人外表、年龄、性别、活动区域方面的信息，很容易将自己暴露在多重危险之中。

父母需要为孩子耐心讲解这方面的风险，例如坏人如何通过简单的一张照片便找到了孩子的居住地；如何通过一段视频就能确定孩子在哪里上学等。父母还要提醒孩子不要轻易向陌生人透露自己的隐私信息，遇到陌生人在网上搭讪，要及时告知父母。

三、传授孩子网络防诈骗知识

近年来，网络安全教育已经成为学校的重要课程，但一些父母仍然没有对此引起重视。一些家长认为控制了孩子手中可支配的钱财，就能防止孩子遭遇网络诈骗，这种想法是很天真的。

小高经常会拿妈妈的手机上网课、查资料。一次，他在上网课时收到了一条弹窗消息，称看视频可以领现金，小高好奇地打开视频后，却接通了一个穿着警察制服的人的语音电话。对方称小高的操作已经违反了相关法律的规定，必须按照他的要求取消此项操作，否则警察将会传唤他到公安局接受调查。

小高被这突如其来的视频电话吓坏了，他不敢告诉父母，只能按照对方的指示一步步操作，最终导致妈妈手机中的三万元被转走。

当事情发生后，小高才意识到自己被骗了，在向妈妈坦白后，前往当地公安局报了警。

孩子的网络安全意识和心理抗压能力都不强，这为网络诈骗分子提供了可乘之机。相比于诈骗成年人，从孩子那里骗取钱财要更容易一些。

当网络诈骗分子将魔爪伸向孩子时，父母必须为孩子支起"保护伞"。很多时候，孩子身上的问题，也是父母身上的问题，孩子不懂得网络防诈骗知识，父母知道的也不多。这时候，父母要自己先了解各种网络防诈骗知识，再带入具体情境，告诉孩子身边可能出现的网络诈骗风险。

在防范网络诈骗这件事上，父母要对孩子多加关注，与孩子间保持一道随时存在的沟通桥梁，它是保护孩子的重要手段。

四、教导孩子不去浏览不良信息

除了以上方面外，父母还要教导孩子不去浏览网络上的不良信息。

在这件事上，将孩子与网络上的不良信息完全隔绝开是行不通的，这样做不仅不会教会孩子科学上网，还会让孩子对那些未接触到的不良信息产生浓烈的好奇。

不良信息对孩子之所以能够造成危害，主要在于孩子的心智还不成熟，性观念还没有形成。所以，父母与其想尽办法与各种不良信息作斗争，不如科学对孩子进行性教育，让孩子自己去认识不良信息和不良行为的危害，这种"疏通"的方法，要远比"堵塞"更有效。

父母要帮孩子建立网络安全屏障

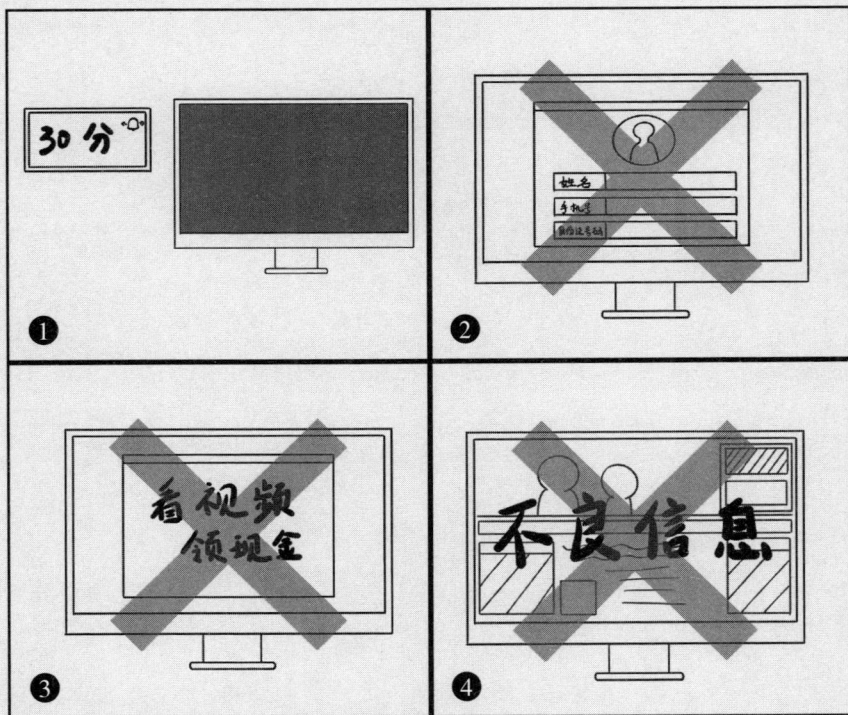

1 合理控制孩子的上网时间；
2 提醒孩子保护好个人隐私；
3 传授孩子网络防诈骗知识；
4 教导孩子不浏览不良信息。

第五章

积极上瘾，引导孩子从网瘾慢慢向学习上瘾过渡

英文原版电影

第 1 节　积极上瘾的心理状态归纳——不自责

"瘾"字病当头，提到上瘾，我想大多数父母想到的基本上都是不好的事情、负面的东西，譬如酗酒成瘾、撒谎上瘾、游戏成瘾、毒品上瘾等。这些事情带给我们的无疑是对人精神的摧毁，对规律生活的破坏，总之是没有益处的，或者说是弊远远大于利的。

不过就像硬币有正反两面，阴影之上总有阳光一样，上瘾也有两面性，对此我们可以先来看两个事例。

乔伊是一个十足的篮球迷。自从青春期在小卖部那台破旧的电视机上对科比帅气的投篮惊鸿一瞥之后，篮球便逐渐"侵占"了他的生活。

上学时，大部分课余时间，乔伊都用在了打篮球上。工作后，好不容易挤出来的休息日，他也要去打篮球。不仅如此，他还参加篮球俱乐部，常常进行篮球比赛，疯狂地迷恋和篮球相关的各类文章、视频，有一次还因为在上班时间看篮球比赛被老板抓了包，用他的话说："一天不接触篮球，就觉得贼没劲。"

乔伊有个好朋友叫杰西，虽然两人形同兄弟，但在性格、喜好上却有很大的不同。乔伊活泼热情，喜欢运动，杰西孤僻安静，视网络为灵魂伴侣。

与乔伊对篮球的缠绵之爱不同，杰西对网络的感情总是若即若离，有时候他会因为网络而感到十分快乐，但有时候，杰西会觉得是网络阻碍了他去做更多有意义的事情，一想到自己浪费的那些时间，他就非常自责痛苦。然而，他却怎么也无法从中抽离出来，他总是习惯性地打开网络，贪婪地享受那短暂的幸福感，而后又陷入无穷无尽的痛苦中，周而复始。

杰西说，他感觉自己像是一条困入小水坑里的鱼，早已失去了跳进大江大海的热情和勇气。

毫无疑问，例子中乔伊和杰西的行为都属于上瘾，但深究起来，两者又有着本质的不同。

乔伊对篮球上瘾，但并不因此感到痛苦，相反，篮球带给他很多的幸福感、热情和勇气，促使他拓宽了人生的维度，尝试了更多样的生活；而杰西对网络上瘾，却常常因此而感到自责，并且逐渐在沉迷网络的过程中失去了社交的热情，自己的生活圈不断在缩小，最终把生活过成了"小水坑"。

前者我们称之为"积极上瘾"，后者则是普遍意义上的，也是心理学和生理学上惯用的成瘾——消极上瘾，它是一种重复性的强迫行为，一种在已知可能造成不良后果的情况下，仍然被人持续重复的行为。这种行为可能因中枢神经系统功能失调造成，重复这些行为也会反过来造成神经功能受损。

一、积极上瘾不自责，消极上瘾危害大

我们所要摒弃的、摆脱的正是消极上瘾，而积极上瘾则是很多人想要达到的状态。当然，"积极上瘾"的概念并不是随便提出来的，它是美国著名心理学家、现实心理治疗法的创始人威廉·格拉瑟根据自己对上瘾的研究提出的概念，并且他还编写了《积极上瘾》一书。

这本书开篇论述了"弱者的三个选项"，格拉瑟表示，弱者往往会以放弃、各类症状、消极上瘾为选择，打个比方，弱者在碰到一件让他棘手的事情时，他最可能的就是：

1. 直接放弃；2. 觉得自己病了，不舒服，没有精力去处理；3. 用习惯性的毫不费力的行为不断逃避。

格拉瑟还以"抑郁"为例说明了弱者选择以身体症状为理由的心理过程。他认为，不是弱者因为各种原因而患上了抑郁症，而是他们主动选择了抑郁，因为很大程度上，将自己能力欠缺、缺乏勇气、固守不变等问题归咎于抑郁，会让事情看起来更体面，也会让自己更心安理得，更符合他们内心对自己的评价——在弱者眼里，他们并没有什么欠缺的。

同理，消极上瘾也是这样一种逃避方式，每当遇到自己不知道该怎么做或不想费力去做的事情时，就将自我的慌乱、无助感依附在一件既可以马上开始、毫不费力，又能暂时获得快乐的事情上。

紧接着，格拉瑟提出了积极成瘾的六项标准：

1. 某个行为是自愿选择；

2. 不需要付出大量的心理准备；

3. 完全可以独立进行；

4. 你认为这件事情有某种价值（身体上的、心理上的或者精神上的）；

5. 你认为如果坚持做这件事情，你会实现某种进步；

6. 进行这一行为时你并不自责。

其中包含了**积极上瘾与消极上瘾的根本区别之一，即自责**。自责与否不仅显示了某种上瘾行为对上瘾者是否有价值，更影响着上瘾者的学习生活状态。

为什么这么说呢？自责是一种普遍的情绪或心理状态，积极的自责能促使人反思进步，而消极的自责却会使人产生沮丧、悔恨、郁闷、绝望等心理，进而影响身心健康。

所谓消极的自责就是过度的自我责备，消极上瘾所导致的频繁的间歇式自责也是其中一类。长期的频繁产生的自责感对于人、尤其是身心发展尚不完善的青少年来说，负面影响是巨大的，在其到达某一节点后产生的伤害几乎是毁灭性的。

对此，心理学家表示，无意识的自责、内疚等负面情绪积压久了，它们的能量级几近死亡，对人的生命有着毁灭性的打击，无数人因为自责而变得麻木、阴郁。

说到这里，想起了一位邻居身上发生的事情：

农村老家是那种带院子式的房子，西院墙的外面是一条窄窄的胡同，胡同临街的地方住着一户人家。

这户人家的大人跟我父母比较熟，小儿子江明与我相差几岁，曾也做过一段时间校友，只不过没到初中他就因为成绩差辍学了。

江明属于那种调皮捣蛋的孩子，虽然聪明但不爱学习，每天都是爬高上低，带着一帮小跟班嬉戏打闹，不过在他身上倒也彰显出不少与所谓的好学生不同的优点：勇敢、大胆、脑子活泛。这也是我一直以来对他的印象。

然而，几年前当我再见到他时，他早已不是我印象中的模样了。那时也不过十七八岁，而我眼前的这个男孩却毫无朝气，他眼神呆滞，脸上面无表情，跟我说了不到两句话，就又坐回电脑桌前，开始了疯狂的厮杀。

听我父母说，自从辍学在家后，江明就迷上了游戏，整天躲在他的小屋子里，谁都不理，吃饭的时候都是父母把饭端进去，吃完再把空碗拿出来。长期沉迷于游戏的他早已失去了与现实的人、事接触的热情，只想沉浸在自己的世界里，任父母如何苦口婆心地劝说也没有用，彼此之间的战争不知道有过多少回了。

直到现在，已经30多岁的江明还是那副模样，没有成家，也没有工作，整天守着他的电脑，有人跟他说话，他也不理不睬，媒人给他说媒，他都通通赶出去。

但是，他真的快乐吗？他不知道自己这样做是在毁掉自己吗？其实，他都知道，他也曾为自己的行为、对父母的伤害感到深深的自责，但这种痛苦的感觉非但没能让他有所改变，反而更加促使他通过游戏来逃避现实，久而久之，他就成了现在这副行尸走肉般的模样。

可见，人持续处于消极上瘾的状态，遭受到的将是怎样的侵蚀！所以，对于消极上瘾，我们是决不可姑息的。此外，父母们也应该注意，在平常生活中多关心孩子的情绪情感，帮助他们及时排解不良情绪。

二、挖掘上瘾行为中积极的一面，引导孩子积极上瘾

从目前来看，消极上瘾很容易形成，那是不是意味着积极上瘾几乎不存在呢？并非如此，我们生活中的很多成瘾行为，甚至一些看似消极的行为，其实都可以归到积极上瘾的范畴。

《权力的游戏》美剧版没看够，又把所有的书买来一口气读完；觉得辩论类综艺很有意思，熬夜一通刷，还废寝忘食地把其中的经典语句记录了下来；喜欢弹琴唱歌，一首不熟练的曲子，即使不吃不喝也要练成期待中的样子……

这些行为都属于积极上瘾。它们为什么会是积极上瘾呢？这是因为对比消极上瘾，这些行为的上瘾对象完全不同。

消极上瘾中，人们希望将生活中的痛苦、不安等负面感受通过简单快捷的方式暂时忘却，但所做的事情是毫无意义的，问题并没有被解决，我们会为已经花掉的时间而感到可惜，这是对"暂时逃避"上瘾。

在**积极上瘾**中，人们会从所做的事情中收获幸福快乐，充实了生活，又或者这件事情带来了切实的利益，总之人们会认为花掉的时间是值得的，这是对"意义和价值"上瘾。

这也是为什么消极上瘾会令人自责，积极上瘾却不会。

可以说，"积极上瘾"的积极性并不完全体现在事情本身，更在于实施者的心理状态。对此，有网友这样说道：

曾经以为持续刷剧是一种不积极的生活状态，现在反而觉得有一部剧值得我花费时间去看，还能从中获得一些对生活的启发，这其实是一件挺幸福的事儿。

同一件事情，不同的心态，也会产生不同的影响，这也为消极上瘾的缓解或戒除提供了另一种思路——如果我们能挖掘消极上瘾行为中带有积极影响的一面，并且引导孩子向这方面转变，是不是就能逐渐向积极上瘾靠拢呢？

当然了，积极上瘾有时也会对学习、生活造成一定影响，但只要稍加约束就会具备规律性，它和自律往往"同气连枝"，这也是它和消极上瘾的又一本质区别。

所以，对于上瘾，父母们应该首先和孩子一起判断上瘾的性质，若是消极上瘾，则要及时纠正或戒除；若是积极上瘾，那么只需稍加规范即可。父母也可以在此基础上，有意识地引导孩子在某些积极的事情上"成瘾"，如运动、学英语、练习书法等，让"上瘾"成为一件有益于孩子成长的事情。

消极上瘾会自责，积极上瘾收获多

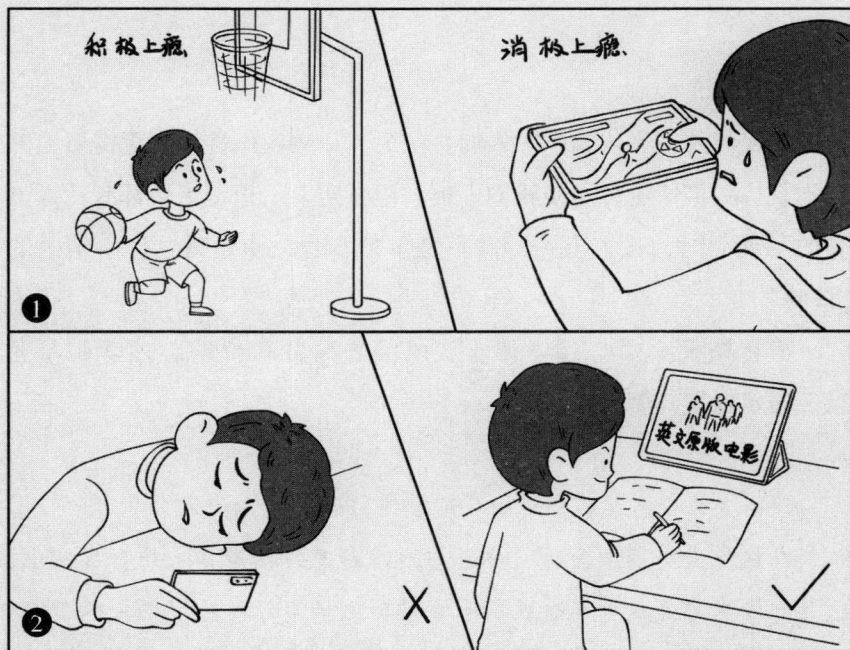

1 消极上瘾会自责，积极上瘾收获多；
2 挖掘上瘾行为中积极的一面，引导孩子积极上瘾。

第 2 节　享受运动，让孩子从小养成锻炼的好习惯

在我们的一贯认知中，人们会认为，一些娱乐性强、无需费力开始和坚持的事情更容易使我们上瘾。但事实上，很多事情都有让人上瘾的可能，因为让人上瘾的并不是事情本身，而是做这件事情时的"体验"。

普林斯顿大学心理学博士、风靡美国各高校的心理学明星亚当·阿尔特在其著作中写道：

理论上，任何体验都可能导致上瘾。

或许有人会问，为什么你不会对闻鲜花、倒着走上瘾？事实上，这并非没有可能，如果这些行为在某时刻满足了某人深层次的需求，使得他无比需要它们，那么他就会将对生活的绝大部分注意力都放在它们身上，进而对这些行为上瘾。

不同的人对于同一件事情的体验是不同的。成瘾很大程度上源于某些无法被满足的渴望，比如父母的爱、同龄人的关注、成就感等。

当这些渴望未被满足时，有些人就会用抽烟、打游戏、沉迷社交网络等行为来填补空白，周而复始，直至成瘾。但也有人会通过健身、创作、烹饪等方式来分散自己的注意力，甚至还有人会对学习、工作上瘾。正如上瘾机制中的一点：从生理学角度来说，"对某物上瘾的过程"和"对某能力习得的过程"并无二致，这也表明，让孩子在积极的方面持续加强，并不是一件难以实现的事情。

一、运动好处多，是什么让孩子无法坚持下去

在众多放松休闲的行为中，包括玩手机、看电影、购物、外出游玩等在内，运动大概是家长们认可度最高的一项。这并不奇怪，因为运动的好处实在太多了。

运动能锻炼孩子的心肺功能，让孩子保持健康的身体；

运动能在一定程度上维持和保护孩子的视力，不少相关实验都表明，每日户外活动3小时，可使学龄儿童几乎不近视；

运动能对孩子的品格形成产生积极影响，例如学会永不言弃、奋力拼搏的体育精神，体验并正确认识成功和失败、培养团队协作能力等；

运动还有助于大脑进一步发育，让孩子变得更聪明，或者激发孩子在运动方面的天赋，提升孩子在未来获得成功的可能性。

现实中有不少这样的孩子，他们从小便对一些体育运动感兴趣，这时候家长们就会想了，倘若让孩子爱上运动，让运动成为他们缓解、

发泄不良情绪的渠道，成为一个终身爱好，这样不就可以降低孩子对于网络、游戏的依赖了吗？

答案是肯定的。然而，这件看似水到渠成的事情，真正做起来并没有那么简单，很多家长在实施时都会遇到一个同样的问题，那就是孩子无法坚持下来。

老李的女儿露露从小就特别喜欢网球，对于女儿的这个爱好，老李很支持。平常休息没事的时候，老李都会带着女儿去网球场练习，有时候还会给女儿报个网球夏令营之类的活动，让她和同龄人一块玩着练。

前不久，露露所在的城市要举行一场学生网球比赛，露露也参加了。自从报名之后，老李便天天下班后带着女儿去网球场练球，一练就是两三个小时。后来比赛结束，露露没辜负这么些天的刻苦训练，取得了第二名的好成绩。

可是自那之后，露露再也不愿去网球场了。每当老李提出练习时，她都以各种理由推脱不去，后来干脆把拍子砸了，这可把老李气得不行，原因到底出在哪里，老李百思不得其解。

无独有偶，老李的邻居张姐也有着同样的遭遇。

张姐的儿子牛牛是早产儿，出生时很小一团，长大些后也一直体弱多病，于是，张姐便想着通过培养孩子的运动爱好来强健体魄。

牛牛一年级时，张姐就给他报了跆拳道班，一是想让儿子锻炼身体，二是想让孩子有个防身的技能，免得以后受别人欺负。刚开始学的时候，在好奇心的驱使下，牛牛还算积极，偶尔在家里也会给张姐耍上两招，可是学了不到三个月，牛牛就不想学了，任凭张姐如何"好言相劝"甚至"威逼利诱"，牛牛就是铁了心不去了。

折腾一通，张姐也没了办法，看着刚花了不少钱给孩子买的全套装备，真有点欲哭无泪的感觉。

从老李和张姐的例子中，我们可以发现，这些运动不管是孩子自愿的还是家长做主的，最终都逃脱不了被放弃的命运，这是为什么呢？

心理学研究表明，成瘾或者某种能力、习惯的养成是伴随快感的强弱而产生、减弱和消失的。**并非持续的快感导致了上瘾，但上瘾离不开快感的产生。**

从这个角度我们就可以解释为什么露露突然不想打网球了，以及牛牛为什么突然耍性子不去上跆拳道课了。

毫无疑问，露露对于网球这项运动是自发的喜欢，这种喜欢使得她在进行网球练习时累并快乐着的，她享受其中，但运动并不像网上冲浪那般容易轻松，所以对于不同的人来说，运动的快乐是建立在运动量适度的基础上的，换句话说，**是比赛前的高强度训练打乱了露露一直以来形成的"累与快乐"的平衡，使得她再也无法享受这项运动了，因此选择了放弃。**

而牛牛对于跆拳道根本连喜欢都谈不上，仅仅是好奇心驱使，因此在**好奇感消失之后，他也就坚持不下去了。**

综上，我们可以说，让孩子养成运动习惯的**关键是，他能够享受**

运动，每次运动时，都能产生快乐的感觉。

二、让孩子保持对运动的兴趣，这样他才能坚持下去

要让孩子对某项运动产生快乐的感觉，除了孩子自身对于运动的喜爱外，也需要父母的影响。换句话说，有时候，人们对于某件事情的体验是可以凭借外部力量获得些许改变的。

首先，如果你想把运动作为一种代替游戏、玩手机等行为的帮助孩子排解不良情绪、打发无聊时间的方式，那么并不一定要给孩子报班，"跑步""跳绳""打羽毛球"等这些**简单又可以随意开始结束的运动其实是最适合的。**

《积极上瘾》一书中也说道，跑步是一种困难但最确定的积极上瘾形式，并且很多人的自律都是从跑步开始的。

在孩子小的时候，家长就可以有意识地带领他们进行简单的运动，尤其是在孩子有烦恼、有情绪的情况下，带他们去跑步、打球发泄，这样时间一长，孩子就会把运动当作一种缓解压力、释放情绪的通道，进而形成习惯。

其次，想要让孩子自发地将运动作为一种爱好，坚持下去，享受其中，还要**注意维持他们对于运动的兴趣。**如何让孩子对运动保持长久的兴趣呢？

其一，在运动中释放孩子爱玩的天性。尽管我们的目的在于以运动为切口使孩子的生活更规律，但是千万不要设置太多的限制条件，而要以孩子尽情地玩为前提。

窗外飘着雪花，女儿看到后跑到客厅，兴奋地跺着小脚说道："爸爸，爸爸，外面下雪了，我们快点出去滑雪吧。"

这是女儿六岁那年的一个冬日，雪后我带着她在外面撒丫子跑了一上午，又是堆雪人打雪仗，又是滑雪。那一天，女儿玩得特别开心，我们回到家时，衣服全都湿漉漉的，还粘了不少泥土。向来很爱干净的女儿这次却毫不在意，她坐到沙发上脱下鞋袜晃动着冰凉的小脚丫，笑嘻嘻地说道："爸爸，我真是太开心了，以后每次下雪我们都这么玩好不好？"

从那以后，每次下雪时，她都会兴奋得像只蹦蹦跳跳的小兔子，前两天还说自己长大了要当滑雪运动员呢。

我很认真地告诉她："滑雪运动员可不是那么容易就能当的，除了过硬的滑雪技能，还要有强健的体魄，不然你想，滑雪总摔，像你这样瘦弱怎么能禁得住呢？"

女儿听了，居然若有所思地点了点头，而后郑重其事地告诉我，她以后要加强锻炼，努力当一名滑雪运动员。

一场雪地里的嬉闹竟然唤起了孩子对于冰雪运动的兴趣，甚至激发了她成为职业选手的动力，这就是"玩"的作用。

不仅是对冰雪运动，其他运动项目也是如此。爱玩是孩子的天性，家长如能对孩子的兴趣因势利导，将其与体育运动相结合，那么便更容易让孩子喜欢上运动，在此基础上培养孩子形成良好的体育运动习惯，练就强健的身体，进而给孩子带来一辈子受用的"财富"。

其二，让孩子参与适合他年龄的不同的运动项目。

很多家长可能会想，想要让孩子养成运动的习惯，是不是专注于一项运动会更有效？其实不是。

美国一位知名骨科医生表示，孩子不应该一整年都只参加一种体育运动，但也不能同时参加多种运动，尤其是年幼的孩子，过于密集的体育锻炼会影响他们正在成长发育的身体。

专门研究青少年运动与身体关系的布恩教授也说道：

"大多数孩子，当他们只有四五岁的时候，他们的运动机能还不足以让他们控制好球或者球拍，所以当家长在儿子五岁送他去踢足球的时候，他们只看到了一个天天心不在焉地蹲在场地边拔草的孩子。可是三年之后，等家长再一次带他踢足球的时候，他们看到的却是一个完全不同的足球小将！所以对运动而言，操之过急同样是一个大忌。"

合适的方案是，在孩子年幼的时候带他进行简单的体育锻炼，比如体操、游泳等只使用他们身体（而不是器械）就能完成的运动。年龄稍大一些后再进行系统复杂的体育项目，也可以开始尝试集体类的运动，如足球、排球等，不要局限于一种。

除此之外，父母还可以在家中摆放一些适合在家里运动的器材、用具，并将它们放在显眼的地方，这样既方便孩子选择，也方便他们随时随地展开运动。

不要让孩子总是来往于各种培训班之间，也不要在孩子需要你陪伴时偷懒用手机、电脑打发孩子，更不能只专注于学习成绩而忽略孩子其他方面的需要，要知道很多习惯和爱好的培养更加重要。从运动开始，让孩子从小养成健康的生活习惯，让户外的阳光成为庇护他们一生的温暖港湾。

育子秘籍

让孩子保持对运动的兴趣，这样他才能坚持下去

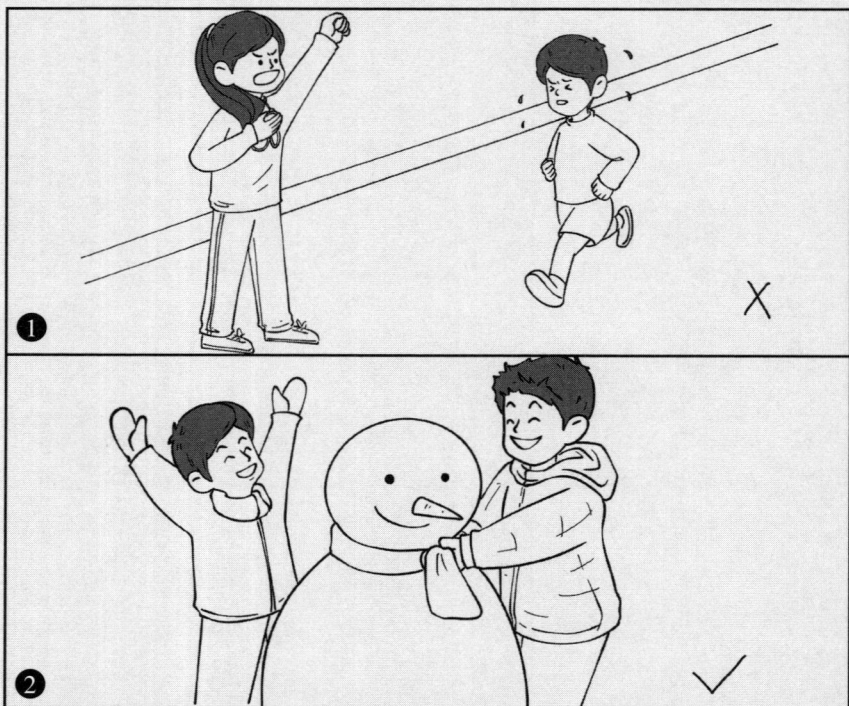

1 枯燥的、高强度的训练使孩子不再喜欢运动；
2 自由玩耍孩子更能收获快乐，因此也会更加喜欢运动。

第3节　享受成就，让孩子感受成功带来的喜悦

知乎上，在"成就感对孩子有多重要"的问题下面，有这样一个回答：

会因为爸爸的微笑而背完一首唐诗；

会因为妈妈的惊叹而自己叠好一件衣服；

会因为见隔壁家婆婆对妈妈夸奖我很有礼貌而下次打招呼时带上更甜的笑；

会因为伙伴羡慕的眼光而学会骑自行车；

会因为考卷上红彤彤的一百分而觉得自己很厉害，所以更努力地学习怎么数数，怎么看时钟；

画画时，会因为一句"你画得真好"而废寝忘食地练习；

唱歌时，会因为别人的赞许而发出更嘹亮的声音；

……

因为发现自己的努力很有意义，所以更有力气奔向前方，去成为

更好的自己——这就是成就感的作用。

成就感指一个人做一件事情或做完一件事情时，为自己所做的事感到愉快，或因完成这件事而感到成功的感觉，它是愿望与现实达到平衡后产生的一种心理感受，是一种自我价值得到满足的感觉。

成就感是感知并肯定自我价值的依据，是人不断前进的动力。现实生活中，如果一个人缺少成就感，那么他便很容易感到失落，觉得自己不被需要，觉得自己一无是处，进而妄自菲薄，不思进取，长久下去，还会影响身心健康。

一、积极的成就感让人好上加好，消极的成就感让人越来越糟

对于孩子来说，成就感是他们成长的基石，但这"基石"也有好坏之分，也有积极与否的差别。

这是什么意思呢？举个例子来说。

如果孩子总是在学习、绘画、书法、讲礼貌等方面获得成就感，那么他就会在这些方面变得越来越好，这是成就感积极的一面。

但是，如果他总在打架、捣乱、玩游戏时受到追捧，那么他也会在这些方面变本加厉，这就是成就感消极的一面。

事实上，在很多消极上瘾的情形中，成就感消极的一面也起着至关重要的作用。

我们知道，在成瘾的过程中，有一种叫多巴胺的物质起着重要作用。多巴胺是一种神经传导物，用于兴奋及开心的信息传递，多巴胺的分泌会让我们产生高兴、幸福的感觉，**但让我们上瘾的并非多巴胺带来的快乐。**

研究表明，**多巴胺奖赏通路的本质其实是奖赏**。有着多年饲养经验的动物饲养员说：

奖赏是什么？奖赏就是对于一件事，你做了一次后还想做第二次。

多巴胺的效用产生于期待奖赏，而不是获得奖赏，它所带来的除了获得奖赏后的快乐外，更多的是获得之前的渴望和幻想。

而所谓的奖赏，除了实际的物质，也包含精神层面的东西，比如爽的感觉，比如成就感。对这些奖赏的强烈渴望促使人们重复着某种行为，进而成瘾。

不过，**对于消极上瘾的人来说，他们成瘾的根本还是因为现实生活中的痛苦、压力**。换句话说，在他们看来，现实世界已经无法满足他们对于美好事物的需求，因此他们只能通过另类的方式去安抚自己的焦虑、不安。

《欲罢不能》一书中提到，**如果人们对一件不是生活、生存必需品的事物产生依赖，一旦离开它就会焦虑、不安，那么，我们就可以说他对这种事物上瘾了。**

但并不是这件事物本身有消除焦虑、不安的作用，而是人将自己的焦虑不安寄存在了它身上。

以上这些论述，实际上是在传递两个信息：第一、成就感也是可以"致瘾"的；第二，让人不轻易消极上瘾的关键在于经常让他感受到现实生活的正能量。

我们可以将这两者做一个整合，也就是说，**我们要努力让孩子在积极的方面获得成就感，享受成就感，体会到生活的美好，进而不断进步，这样他便不容易消极成瘾。**

二、当安全感、价值感、自主感中的一种或几种获得满足时，孩子便会收获成就感

那究竟应该如何去做呢？怎么样才能让孩子在生活中时常产生成就感呢？别急，我们先来看一个网友分享的小故事。

回家的列车上，我专门挑了个靠窗的位置，又一站后，一位看起来很朴素的老大哥坐在了我旁边。

简单交谈后，发现是老乡，于是亲切感促使我们的聊天更深了一步，老大哥的话匣子越开越大。

"我女儿马上北大毕业，儿子又考上了清华。"老大哥神采奕奕地说道，但他骄傲的眼神并不让人觉得是炫耀。

"嚯，这么厉害，您这是有什么绝招吗？"我不由得好奇道。

"嗨，老农民一个，既没文化也没本事，能有什么绝招？！"老大哥自嘲了一番，又有些得意地说道："我就是经常让孩子教我，给我当老师。"

经过进一步询问，我才知道，原来这位老大哥觉得自己没文化，不能辅导孩子功课，又怕孩子不好好学习瞎混，就想了一个办法，每天孩子放学回到家，他就会让孩子将在学校学习的内容给自己讲一遍；孩子写作业的时候，他就在旁边看孩子的课本，有不懂的地方就标出来等孩子写完作业再问，如果孩子也不懂，就让孩子第二天去问老师。

就这样，孩子一边当学生，一边当先生，学习的劲头甭提多大了！孩子的成绩也因此一直名列前茅，最终都考上了全国数一数二的高等学府。

或许，教育的最大秘诀就是让孩子感受到成就感。我们总说，成就感是成功带来的，其实，是成就感促成了成功，或者更确切地说，两者是相互促进的，成就感为成功提供了动力，从而使人不断获得进步，而这些进步又反过来促使人产生更多的成就感，如此良性循环，最终促成了人的成功。

故事中老大哥对孩子的教育给我们提供了一个让孩子感受到成就感的方法——人为地创造相应的情景。

从心理学的角度来看，**成就感可以分为三种心理感受，其一是安全感，其二是价值感，其三是自主感。**孩子和成人一样，他们的所做所为所想，都是围绕着这三种心理感受展开的。

著名心理学家德西认为，这三种心理需求被满足时，孩子的外在动机会向内在动机转化，并能感受到较高的幸福感、成就感，进而呈现出积极的状态，反之，孩子则会出现各种各样的问题。

孩子所需要的安全感，主要体现在对亲情、家庭的归属感上，即父母要让孩子感觉到被爱、被尊重、被呵护；自主感，是要让孩子感觉到他是自由的，他可以自己决定一些行为和事情；价值感，是指要让孩子感觉到自己的价值，这主要通过完成或胜任某些事情来获取。

三者相互依存，相辅相成。

三、让孩子获得成就感的三种积极情境

根据这三种心理感受，我们就可以创造很多积极的情境，以此帮助孩子获得"成功"，进而享受成功的感觉。

鼓励式的情境。所谓鼓励式情境，主要满足的是孩子的归属感，这种情境重点在于我们要在家庭中营造认可的、积极向上的氛围，即父母在教育孩子时要以赞美、鼓励为主，即使批评也要讲究方式方法。需要特别注意的一点就是，不要随意给孩子贴标签。现在很多家长总会无意识地给孩子冠以消极的标签，孩子做事慢，就说他是小磨蹭；孩子学得慢，就说他不聪明；孩子见了人不好意思打招呼，就说他不讲礼貌……家长说出来的时候可能是无意识的，但孩子却会不自觉地朝这些标签的方向成长。

示弱式的情境。就像上面故事中的农民大哥一样，有时候，请尝试做一个"无知软弱"的家长。当孩子问你问题的时候，当孩子不知道一件事情怎么做的时候，当对一个问题有不同看法时，别直接告诉他方法或者强行命令他，不妨和孩子一起探索，一起商量，或者只给出建议，具体怎么做让孩子自己去决定。

比如，当孩子问你这个字怎么读时，别直接告诉他，可以说"妈妈也忘了，不如你查查字典，查完之后也教一教妈妈"；当和孩子一起逛超市时，也可以让孩子帮忙选一些食材、日常用品，让孩子帮忙提一些东西。

竞争式的情境。在某些事情上，家长可以适当营造一些紧张的氛

围，这样当孩子成功完成这件事时，他便会产生更强烈的成就感。

刚上一年级的儿子特别不爱学语文，每每到写语文作业的时候就愁眉苦脸，好像刀架在了脖子上一样。

为此，我和孩子爸爸琢磨出来一个办法。

一天孩子放学，又开始带着无比痛苦的表情，用极慢的速度从书包里拿出了语文练习册。见状，我走到儿子跟前说道："先别写语文作业了，我们来玩个游戏好不好？"

闻言，儿子瞪大了眼睛："妈妈，这可是你说的啊，明天老师检查作业，你得跟我一块去学校。"

"保证你不挨批评。"我说。

我带儿子来到客厅，爸爸已经把东西都布置好了，黑板、拼音卡片、词语卡片、话筒模型……儿子一脸疑惑地看着这一切。

"比赛开始了。"我翻开语文练习册第一题，"这个字念什么，看谁找得快。"说完，我把"园"写在了黑板上。

为了激起孩子的"斗志"，爸爸故意假装想不起来，我就在旁边小声催促："儿子加油啊，你老爸想不起来了，快找到赢了他。"

儿子马上开始翻看地上的拼音卡片，很快就找到了，爸爸马上做出了一副可惜的样子："哎呀，我怎么就没想起来啊，居然被你抢了先，下一个我一定会赢了你哦，儿子。"

接下来，我们就用这种竞赛的方式带着儿子一起完成了他的语文作业，最后清算了一下结果，儿子抢先答对了 15 道题，爸爸只有 10 道。

儿子沉浸在"胜利"的喜悦中，边美滋滋地翻看着已经圆满完成的练习册，边得意地说道："语文原来也很简单嘛，而且也挺有意思的。"

有一个概念叫作"学习能力的自我感知"，指的就是人对于自己在某件事情上能否学好、做好的感觉。研究表明，只有孩子相信自己能学好时，他才更有可能学好，并且形成良性循环，好上加好，越来越好。

换言之，只有当孩子在某些方面有了信心，他才会在这方面更加努力，进而取得更好的结果。而如何获取信心呢？有时候一点小小的成就感就能让人信心倍增，就像例子中的儿子，在和父母进行了一次竞赛后，他觉得以前很难的语文其实很简单很有趣，这就表明，他已经开始认为自己是能够学好语文的，有了这层基础，他学起来就会更有动力。

总之，在很多方面，经过合理的设定引导，孩子都是可以产生成就感的。如果家长能够熟练运用积极成就感的作用，孩子就会进入一个像上瘾一般的促进式的良性循环中，家长无须刻意管束、耳提面命，孩子也能变得越来越好。

积极成就感让孩子越变越好

当安全感、价值感、自主感中的一种或几种获得满足时，孩子便会收获成就感。

第 4 节　痴迷挑战，参加奥数竞赛的孩子真的是因为热爱

耶鲁大学公开课《死亡》中有一段话：

人生在世，追求有很多，但究其根本不过快乐和成就感，快乐在低落时给予人们慰藉，而成就感则给人们提供长久的生活动力。

换句话说，成就感会影响人们对生活的热情和信心，如果缺少成就感，那么即便每天都在按部就班地工作学习，实际也可能如行尸走肉般，内在正在走向腐朽麻木。

由于种种原因，现在很多孩子都变得只顾追求短暂的快乐而惰于努力去取得成就，比如爱玩游戏却坚持不了学习，痴迷于玩手机却无法集中精力读完一整本书。

关于成就感，上一节我们已经讲述了很多内容，但大都是在父母引导下创造的可产生成就感的情境，或者说，这些成就感的产生需要一定的前提，需要外在力量引导或干预，它们虽然一时间可以产生很

大的作用，却难以长久地延续。

如果想让孩子长久地拥有成就感，自发地创造可产生深远影响的情境，就要让孩子不断挑战、不断去尝试新的事物。

为什么这样说呢？日常生活中，我们会有这样的体验或经验：当人总处于一种稳定的状态，长期从事一件平淡的事情时，就会囿于舒适圈，逐渐产生懈怠的心理，变得不思进取，即使心存理想，也没有付诸实践的勇气。所以孩子需要走出舒适圈并且要勇于挑战，这样才可能收获源源不断的成就感。

然而，让孩子乐于"挑战"并不是一件简单的事情。

一、畏难情绪让孩子越来越不敢挑战自我

挑战意味着人要不断打破平静使自己处于一种不安的状态，意味着要不断克服自身弱点使自己具备拼搏的精神，意味着要不断超越自我战胜困难，可是，当下很多孩子却普遍存在畏难情绪。

从儿子坐到书桌前的那一刻起，到现在已经过去两个多小时了。我悄悄地走过去看了一眼，他正玩得起劲儿。

"儿子，你作业写完了吗？"我忍不住出了声。

"没——有——"儿子拖着长音说道，声音里带着消极情绪。

我走过去问："还有多少？"

"这个，这个，还有这个，这个。"儿子用手指一个一个给我指了出来。

"还有这么多，为什么不写呢？"

"因为不会。"儿子又说出了他一贯的理由。

"你确定自己认真思考过了？"儿子的话让我有些生气。谁知，他并不理睬，还在自顾自地摆弄手上的小东西。

其实，儿子犯这个"毛病"不是一次两次了。每次写作业，一遇到难题，他立马就会放弃并开始东张西望，一会儿抠抠桌子，一会儿玩玩橡皮，直到磨蹭到我喊他上床睡觉为止。

不止在学习上，平常做一件事情，甚至是玩的时候，他也这样。

有一次，儿子和几个同学在一块玩"两人三足"游戏，别的小朋友玩得都非常起劲，儿子却只跑了一圈就不玩了。我问他为什么，他说绳子勒得脚疼，而且两个人一直配合不好，这个游戏太难了，他不想玩了。

我听了很生气，但又不知道说些什么，只能在心里埋怨："儿子怎么这么容易知难而退呢！"

畏难情绪是潜意识层发出的一种暗号，它告诉你：面前的这件事情你没有能力完成，面前的障碍你无法跨越，你能做的只有放弃。

但事实可能并非如此，或许你完全有能力完成那件事情，克服所有的困难，只是你一直在给自己设置障碍。

要命的是，这种情绪会随着产生次数的增多而越发强烈，进而产生更深刻的影响。也就是说，**孩子越害怕挫折，越不敢挑战，就越畏惧，发展到最后，甚至可能会变成人们口中的"胆小鬼"。**

二、摆脱畏难情绪，让孩子喜欢上挑战，我们可以这么做

那么，该怎么帮助孩子摆脱畏难情绪，或者说如何让孩子喜欢上挑战呢？

下班回来，女儿正在跳绳，看见我进来，她兴奋地说："妈妈，你猜我能跳几个？"

"7个？"印象中，女儿最多只跳过七个。

"你帮我数着。"女儿带着点得意的神色。

"1个，2个……8个，9个，10个。"给女儿数完，我惊讶地张大了嘴巴："宝贝，你居然能跳这么多了！"

吃过晚饭，我问了问今天在家陪着孩子的爸爸："小新好长一段时间跳绳不都只能跳七个吗？我记得她还特别沮丧，说别人都能跳十多个，自己却只能跳几个。"

"这都是咱女儿今天一整天不断挑战的结果。"爸爸说，接下来，他又跟我详细叙述了小新自我挑战的过程。

今天小新作业少，放学后，她就跟几个小朋友一起去玩跳绳，可没过一会儿，她就气呼呼地回来了。

小新坐着休息了一会儿，又开始跳了起来，可跳了好几次，还是突破不了"七个大关"。

"要不要爸爸给你点建议啊？或许能让你跳得多一些。"我问道。

"好啊，爸爸，我必须要跳到 7 个以上。"小新说。

"首先，你跳得有点太高了，这样容易累，所以你要降低些高度。

其次，跳的速度和手摇绳子的速度要一致。刚开始，你可以先慢一点，找到感觉了再加快速度。"

小新按照我说的尝试了几次，这个过程中我又发现了一些新问题："绳子不用摇太高，而且要尽量使自己站在原地，不要前后左右挪动。"

小新按照我说的又继续练，没想到一口气连续跳了8个。她特别高兴，立刻说："爸爸，我要挑战9个。"

随着慢慢练习，小新逐渐掌握了跳绳的要领"立定跳轻摇适中"，很快就跳到了9个，紧接着就是10个。

此时，小新已经累得满头大汗了，但她却非常开心，她休息了一会儿，汗还没有消，马上又要挑战11个。

等小新练到了她希望的个数，爸爸以为就要结束了，但没想到她又倒着跳了起来。"闺女，你怎么又练这个啊？"我忍不住问道。

"我就是想试试。"小新边跳边回答。她跳了几下后又主动向我请教了要领，然后又按照我说的跳，没想到一试就成功了，又练了一会儿，她便能连续倒着跳两个了。最后，小新不停歇地跳了40多分钟，直到筋疲力尽。

听完爸爸的叙述，我感慨地说道："看来你平常那些看似不着调的'挑战'还确实有点用处啊。"

小新的爸爸经常会找出一些事情让小新挑战，像什么一分钟能数多少个数，看谁扎马步蹲得低，能不能忍住一天不看电视等，有的事情甚至听起来特别不可理喻，比如之前去游乐场，里面有一个特别"恐怖"的海盗船，很多人都被吓哭了，爸爸却提议让小新挑战一下，小新也没胆怯，马上和爸爸一起坐了，我们都以为她会吓哭，结果后来她居然还要求自己再单独坐一次。

类似这样的事情还有很多，或许也正是这样的体验才让小新越来越乐于尝试没做过的事情，而当她在尝试中一次次取得进步和成功，一次次能够超越原来的自己时，她的热情和自信也就被更大地激发了出来，就像跳绳一样，你想让她停下来她也不想停、不想休息。

跳绳如此，学习也是如此，只要给予合适的引导，孩子就能自然而然在那些我们所希望的有意义的事情上付诸行动。那些爱学习的孩子并非都是被管出来的，痴迷于奥数的孩子也并不是被逼出来的。对于他们来说，每每学会一个知识，解出一道难题，都是一次次克服困难、挑战自我、战胜自我的过程，这其中的乐趣和成就感是无与伦比的，这种感觉又促使他们进行更大的挑战，越来越沉浸其中。

他们喜欢挑战的感觉，在他们看来，那是一种充实的获得感，一种愉快的成长感，这种感觉不会像打游戏、玩手机的快乐一样转瞬即逝，随之而来的只剩无尽的空虚，而是会转化成持久的、深刻的内在驱动力，让他们自发地投入学习中。

如果你也想孩子成为这样，不妨这么去做。

第一，像小新的爸爸一样，多引导孩子去挑战。

很多事情重复得多了就会成为习惯，而习惯又会催发相应的意识。当我们习惯尝试去问孩子还有什么其他可能，要不要挑战一下某个目标时，刚开始可能没有什么效果，但时间长了便会激发孩子的潜意识，让孩子自然地产生想要挑战其他可能性的意愿。这不仅能开拓孩子的思维，也能锻炼孩子的勇气。

第二，陪孩子一起挑战，让孩子充分感受过程。

不管是玩，还是学习，重要的都不是结果，而是过程。孩子只有享受过程，才能真的喜欢上一件事情。然而现实中很多父母，他们很少陪孩子一起学习，一起探索，一起解决难题，有的甚至直接把孩子"扔"到课外班中，他们只知道追问成绩，验收成果。这种忽略孩子内心诉求，忽视他们情绪情感的做法只会让孩子感到孤独无助，挑起他们的反抗情绪，如此越是想让他们做什么，他们便越不会去做什么。

不在意结果，成为孩子内心的依托，这样孩子才能沉下心来挑战过程中遇到的困难，也更容易感受到挑战成功后的成就感以及过程中的其他乐趣，这样孩子专注于事件本身，结果反而更容易达成。

第三，注意夸奖的方式，正确鼓励孩子。

你相信夸奖孩子的方式可以改变他的思维方式吗？

美国斯坦福大学心理学专业的卡罗尔·德韦克教授曾做过一项研究，结果表明具有成长型思维方式的孩子更容易获得成功。成长型思维的孩子相信通过努力可以改变智商和能力，困难和失败是帮助自己进步的挑战，也因此，他们对学习充满热情。

而成长型思维的形成恰好与夸奖方式密切相关，对此德韦克教授做了大量实验，结果证实：长期被夸"你真聪明"的孩子，在面对挑战任务时大部分会选择拒绝，而被夸奖"你真努力"的孩子，他们不仅勇于接受挑战任务，而且越挫越勇。

这是因为，聪明是天赋，而努力是个人的付出，天赋往往是不可更改的，努力却能让人有更多可能性。

"你很努力""你做得很好，相信你还可以更棒""努力超越自己一点就好"……这么夸奖孩子既是对孩子辛勤和努力的肯定，也是对他情感情绪的温柔呵护。这样的夸奖，会给予孩子力量，改变孩子的思维方式，提升孩子的成长高度。

第四，让孩子把自己当作挑战对象，不要将他与别人比较。

把孩子的优势与他人的弱势相比，容易让孩子自大；将孩子的劣势与他人的优势相比，容易让孩子自卑。 而当孩子自己与自己比较，发现自己的进步时，发现自己比以前的自己更好时，他会变得更加自信，相信自己能做到更好，他的内心是充满了信心和动力的，这样的孩子我们有理由相信他会取得更大的进步。

希望你的孩子学习奥数是因为真的热爱，而不是迫于外界的期待，希望他在学习时是快乐的，而不是痛苦的。

让孩子痴迷挑战，你可以这么做

1 多引导孩子，给孩子一些建议方法；
2 引导孩子多去感受挑战过程；
3 引导孩子把自己当作挑战对象，不要总跟别人比。

第 5 节　规律生活，让孩子慢慢实现自我管理

8 点起床，然后品茶；

8 点半读书，《圣经》或哲学；

9 点外出散步半个小时，回来校对曲子或回信；

10 点到 12 点，作曲；

12 点到下午 1 点，享用午餐；

下午 1 点到 3 点，外出散步或其他运动；

下午 3 点到 5 点，喝茶、读报纸或看历史杂志；

下午 5 点到 7 点，第二次作曲；

晚上 7 点到 8 点，放空、放松、反思时间；

晚上 8 点到深夜 12 点，晚餐、社交或阅读。

深夜 12 点以后，睡觉。

这个简单的事项列表是十九世纪著名的作曲家柴可夫斯基一天要做的事情，一般情况下，柴可夫斯基的一天就是这么度过的。

和大多数人想象的不同，伟大的作曲家柴可夫斯基的生活并不是

忙到焦头烂额，反而是极为规律的。换个角度来看，或许正是因为这样规律的生活才造就了大师的诞生。规律的生活不仅能锻炼和培养人的自我管理能力，而且对身体健康也有好处，除此之外，待其形成习惯之后，还能在一定程度上减轻大脑的工作负担。

为什么这么说呢？有些事情一旦养成习惯，就会变成自发的行为，一旦到了时间点，无需思考选择就能执行，比如洗脸、刷牙、吃饭等，完成这些事情几乎是不占大脑内存的。

养成规律生活的习惯，在固定的时间起床、吃饭、睡觉、活动，把一天安排得井然有序，这样**不仅能让孩子**早睡早起，**保证充足的睡眠，也能很好地激发和培养孩子的自控能力，让孩子具备规律意识，并不断将这种意识延伸到其他领域。**

一般来说，当人养成某种习惯后，想要解除是比较困难的。习惯虽然不是上瘾，但与上瘾的界限并不明确，换句话说，习惯一旦被信奉和坚持，就可能变得不可或缺，甚至被拔高到不可替代的状态和地位，这时候的习惯虽然没有上瘾那般欲罢不能，但是已经具备了上瘾的很多性质。

然而习惯也有好坏之分，所以家长应该引导孩子向好的习惯发展，而这种引导可以从规律的生活习惯开始。在孩子对生活中的习惯和规律有所在意的情况下，年龄越小，习惯越容易养成。

不少教育学、心理学专家都曾表示，很多孩子在两岁时便会对生活中的习惯和规律表示在意，并急切想遵守、学习，这种现象被称作"仪式信奉"。也就是说，一般情况下孩子在两岁以后，就可以适当尝试进行生活习惯方面的规律性训练了，比如睡觉、吃饭、整理玩具等。那么具体如何去做呢？

一、父母要规律生活，为孩子树立好的榜样

在正式教导孩子之前，父母要以身作则，在孩子面前多展现规律、有序的一面，比如早睡早起，吃完饭后认真收拾碗筷，玩耍后和孩子一起将玩具归位，将书本进行分类，并把它们按顺序摆放好……

永远不要忽视父母潜移默化的影响力，孩子在小的时候，模仿能力非常强，有时候大人随便一句话、一个动作，可能自己没放在心上，孩子却深深地记在了心里。

女儿今年五岁了，平常早起方面在我的严格把控下还算顺利，可今天不知道怎么了，她偏偏闹了这么一出：

她想在洗漱的时候把手机放在洗漱台上看动画片，否则就不洗漱！

"你到底想干吗？"我生气地问她，"这样手机会沾上水的，也容易摔到地上，这么做是不行的。"

"不会的，妈妈。爸爸就是这么干的，为什么大人可以，小孩子就不行呢？"

听了女儿的话，我竟无言以对。

自从智能手机普及后，我们的生活发生了很大的改变。就拿我和丈夫来说，我们每天只要一闲下来就会习惯性地去摸手机，慢慢发展到了上厕所、洗漱、洗澡都离不来手机的地步。

女儿照猫画虎，有样学样，也逐渐成了一个"小手机迷"。

研究表明，3～6岁这一阶段孩子学习新事物较快，这一时期的孩子好奇心强烈，接受速度快，特别容易模仿大人的行为，并且这一时期父母的言行举止对孩子的影响是极为深刻的，很可能贯穿孩子一生。所以为了孩子，请父母要尽量做好自己，为孩子树立好的榜样，在明确了这一点的基础上，再进一步引导孩子。

二、在引导孩子规律生活上，你可以这么做

首先，爸爸妈妈要和孩子一起确定好一天的大致事项，然后把每天必须进行的非常重要的重复性事件列出来，大概有起床、洗漱、吃饭、娱乐、睡觉等，再把这几件事情的开始时间、具体时长规定好，比如几点起床、几点吃饭、几点睡觉，出去玩儿多长时间，看多长时间电视，读多长时间书等。在比较复杂或者让父母头疼的事情上，可以建立更详细的规则。

有的父母会为孩子设定吃饭三部曲（洗手、拿餐具、盛饭）、睡觉五部曲（洗澡、喝奶、刷牙、讲故事、关灯）、起床清单等，**他们运用固定流程的方式，将事情尽可能地细化，让孩子加深记忆，明白具体操作步骤，这样更有助于孩子形成规律。**

此外，父母还可以运用一些小技巧让孩子开始并坚持做一件事情，比如运用某种特殊设定使孩子建立条件反射。

以前，儿子总是把他的玩具乱放，我说了很多次他都不听。

儿子很喜欢小猪佩奇的动画片，于是，我就在放玩具的地方贴上了小猪佩奇的家，又在每个玩具上贴了小猪佩奇家庭成员的图画。

从这之后，每次我提醒儿子将玩具放回原位，就会说："小猪佩奇他们回家了吗？"儿子听后，如果忘记了，就会马上乖乖地将玩具一个个放回去，嘴里还念念有词："这是猪妈妈，这是猪爸爸……"

后来，儿子根本无需我的提醒，每次玩完之后都会主动把玩具收拾好，并且这种"物归原位"的习惯逐渐延伸到了更多地方。

父母可以在孩子较小的时候就开始用这种特殊设定的方式使他建立规范意识，重复某些积极行为，进而形成固定的习惯。

父母也可以营造美好积极的场景，使孩子对某件特定时间的事情产生期待，进而成为自发行为，形成规律。

网上一位十几年来都坚持着规律作息习惯的网友这样说道：

记忆里最深刻的画面，就是小时候每天晚上快要睡觉时爸爸妈妈给我讲故事的情景。

如果是妈妈讲故事，她会给自己换上一套特别漂亮的衣服，像公主一样坐在床边，拿着童话书，温柔地读着。

如果是爸爸讲故事，他会变身成故事里的人物，各种各样的，有趣极了。

这让幼时的我觉得睡觉是一件很幸福的事情，时间一到，我就会乖乖地躺在床上。当别人家的孩子还在吵着闹着不睡觉的时候，我已经在爸爸妈妈暖暖的声音中进入了梦乡。

这种方式还有另一个名字，即建立仪式。

"仪式是什么？"小王子问道。

"这也是经常被遗忘的事情。"狐狸说，"它使某一天与其他日子不同，使某一时刻与其他时刻不同。"

所谓仪式，就是让本来稀松平常的事情变得特别起来，让人对之期待，感到幸福。这样的感觉会促使孩子对这件事情更加重视和用心，不轻易懈怠。实际上，建立仪式并不是一件复杂的事情，对于生活中的很多小事，我们都可以运用这种方式来激起孩子的兴趣，引起孩子的关注。

给孩子的仪式无须多么复杂和华丽，只要能体现父母的爱和用心就足够了，它可以是一件漂亮的舞蹈服，也可以是一支精巧的钢笔，甚至仅仅是一张写满爱意的小纸条、一句鼓励的话。

个别事项孩子熟悉之后，我们就可以制定一个系统的生活常规表，以周为单位，把每天的事项写在上面。

在建立生活常规表时，要注意让孩子也参与其中。对于年龄稍小的孩子（3～5岁），做表的过程中，父母要引导孩子把该做的事都说出来，比如8点起床，父母就可以问："我们的起床清单上要写什么呢？"提示孩子把与起床相关的事，比如洗脸、刷牙、吃早餐等事项都说出来。对于年龄稍大的孩子（6岁以上），父母可以在一旁协助，生活常规表则让孩子自己制作，这样不仅可以让孩子对一天的流程有大致的了解，更有助于将这种规律性植入他的潜意识层，进而起到暗示作用。

在具体执行的过程中，父母也应该注意事项安排是否合理，孩子执行时的情绪如何，是十分高兴还是勉勉强强，和孩子之间的沟通是否顺畅等问题。

当然了，规律的生活并不是一天就能养成的，孩子自我管理能力的培养也不是一蹴而就的，这都需要一个过程。并且，不同的孩子先天秉性、生长发育状况不同，适应性也各有所异，有的孩子可能一个月就能养成规律生活的习惯，有的孩子可能需要半年，甚至更久，所以家长们千万不要太着急。

规律生活，让孩子学会自我管理

1 和孩子一起制定作息时间表；

2 父母要为孩子树立好榜样；

3 孩子若老忘，可以运用某种特殊设定来帮助孩子建立条件反射；

4 建立"仪式"有助于孩子形成自发行为，进而养成习惯。

第六章

学习上瘾，让孩子养成
自主学习的好习惯

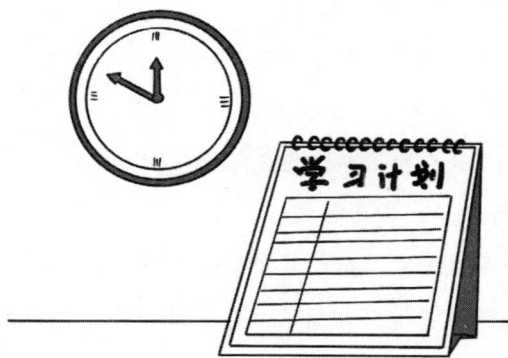

第 1 节　自律性培养，孩子越来越自主

有人说每个时代都有每个时代的成功学，而自律在这个时代被推上了风口浪尖。

对于现在的很多年轻人而言，自律已经成为一项极度渴望但又若即若离的能力。养成自律的习惯究竟有多难呢？大概就是：

"不能再吃了，会变胖的！"

却在下一秒，再次拿起了零食；

"不能再贪玩了，会考砸的！"

不知不觉中，再次打开了手机；

"不要再闷在家里了，会抑郁的！"

转眼间却又独自躺了整个周末；

"不要再熬夜了，会猝死的！"

睡前一看手机时间，赫然写着凌晨三点……

每一次信誓旦旦地开始新的生活，决定不再浑浑噩噩，却总是还没开始就已经结束。

想改变，却总是坚持不下来。一次次告诫自己，一次次下定决心，一次次设定计划，一次次开始尝试，却又一次次重蹈覆辙……

一、或许你不信，自律也容易让我们上瘾

然而，对于已经形成自律的人而言，自律的感觉真是棒极了，一旦自律就再也停不下来。

电影《永无止境》中讲了这样一个故事。

主人公艾迪是一个穷困潦倒的小作家，他生活毫无规律，做事拖拖拉拉，不仅租的房子里乱糟糟的，整个人也是作息颠倒。杂乱的生活让他丧失了很多创作灵感，因此拖稿成性，审稿编辑对他早已失去了耐心；颠倒的作息让他精神萎靡，整天一副营养不良的样子，十分憔悴；种种原因再加上物质基础无法保障，女朋友也要离他而去。

艾迪感觉自己糟透了，但是想要改变却又无从下手，恰好这时，有人研制出了一种叫"NZT"的益智药丸，号称能提高智商，开发大脑潜力，让人变聪明。

各种巧合之下，艾迪得到了这种药丸。他吃了之后，立马精神焕发，斩断了拖延，学习能力和做事效率都大大改善。

此后，艾迪完全变成了另一副模样。他码字写稿十分迅速，再也不会拖着，外出时穿着得体，精神饱满，家里也收拾得井井有条。这样状态下的艾迪在工作上得心应手，事业也因此节节攀升，一跃从人人翻尽白眼的失意者，变成了人人羡慕的成功人士。

不过，NZT 的药效只能维持一天，失去了药力作用的艾迪马上又回到了从前的状态，可是他已经再也无法容忍那个浑浑噩噩的自己了，他对 NZT 产生了绝对的依赖。

毫无疑问，艾迪对 NZT 上瘾了，但是真正使他上瘾的仅仅是那颗药丸吗？更确切地说，艾迪上瘾的是他吃了药丸之后的状态。

现实中，不可能会有像 NZT 这样神奇的药，但是吃了药之后的状态却可以通过某种途径实现，那就是自律。

很多已经养成自律习惯的人，也会对自律状态下的感觉疯狂上瘾，就像电影里的艾迪不是对药物本身上瘾，而是对药物产生的药效上瘾一样，现实中的人们未必对自律这个手段上瘾，但绝对会对自律后那种头脑清晰、精力旺盛、生活充实、事业有成的状态欲罢不能。

换个角度来说，一旦人能够管理自我，养成自律的习惯，那么他就会一直处于这样的状态中。

他会积极向上，努力进取，将更多精力放在对人生有益的事情上，除了健康的生活方式，他还会主动学习，养成良好的学习习惯，并享受其中，进而获得好的成绩或成就。

这时候，学习对他而言并不是一件痛苦的事情，而是像游戏、像打怪升级一般充满刺激和趣味，每一道难题、每一个难关都是一个敌人，打败他们，他就会有一定的收获，这种收获就像是游戏里奖励的金币和装备以及等级上升一样，能给人以满足感和成就感，并促使人"再来一局"。

我想，大多数父母都希望自己的孩子在学习上能呈现出这样的状态，那么，我们究竟该如何实现呢？

自律一词，最早见于《左传·哀公十六年》，指在没有人监督、管束的情况下，自觉遵循纪律法度，自己管理自己的一言一行，变被动遵守为主动约束。

其中的关键就是"被动变主动"，通俗点说，自律是一个从被动完成一件事到主动完成多件事的过程。

实际上，前面关于"规律生活"的那一节内容也属于自律养成的内容。如果父母在孩子很小的时候就开始生活习惯方面的引导，那么孩子的规范意识就会逐渐加强，并将其应用到更多事情上，变被动为主动。

二、在自律训练之前家长需要明确的一些事情

在真正开始自律训练之前，作为家长，我们还应该明确一些重要事情。

第一，**孩子是有天生的自制能力的，其最终自律能力的展现，是天然的自律性加上后天影响的结果。**

自律就像游戏人物所具备的技能蓝条一样，有的人天生蓝条长一些，有的人则短一些，但是不论长短，都需要后期巩固和调整，否则就会逐渐消耗殆尽。另外，孩子的自律性发展是一个由低级向高级发展的过程，在自律性高的阶段进行规范引导，孩子更容易养成自律习惯。

第二，**自律靠逼迫是难以形成的，尤其是在学习方面。**

心理学上有一个"超限效应"，指的是过强、过多或者过久的刺激会引起心理免疫甚至心理逆反的现象。从孩子角度来看，面对父母的强烈责怪、训斥，他会启动自我防御机制，这其实是一种自我保护，呈现出来的状态就是反抗、冷漠、敷衍或自暴自弃。

所以，当你想让孩子做一件事时，靠强迫、命令是很难达到目的的，这样做很多时候只会适得其反。

第三，**我们最终想要的**并不是一个木讷、刻板、没有欲望、毫无活力的学习机器，**而是一个"既会学又会玩"的小机灵。这一点家长一定要清楚。**

我们如何培养孩子的自律性呢？

三、自律性培养

自律的培养分为两个关键部分，一是时间管理，二是习惯培养。时间管理的根本是事项规划，习惯培养的关键是刻意训练，两者相互包含，相互依存。

关于时间管理，父母不能上来就让孩子自行安排大量事务，而是应该带他们认识时间、理解时间，在孩子了解了高效利用时间和浪费时间的行为及后果的基础上，再引导孩子进行事项规划。对此，大家可以选择时间管理一类的书籍来参考学习。

在和孩子进行事项规划时，应该注意以下几点：

第一，确定写作业的时间，并固定下来，是先玩再写还是先写再玩，要和孩子商量好。

第二，注意专注力的培养，尽量一件事情做完再开始另外一件。

第三，培养孩子阅读的习惯，每天留出一定的阅读时间。

第四，对孩子学习不要过分关注，要看到孩子的优劣势，因势利导。

第五，制定"反耍赖规则"，如果没有按照计划行事，就要接受相应的惩罚。

以上五点，是必须重视的。

课后作业的时间安排直接决定了孩子放学后至睡觉前的这段时间是否合理高效，甚至会影响第二天的精神状态，因此，这一事项的确定意义重大。

那到底什么时候写作业比较合适呢？最好是孩子放学回来休息5～10分钟后马上开始写，一来，孩子在学校的学习状态还未完全消失，更容易静下心来；二来，任务的提早完成更有利于后面事项的安排。

专注力的培养，是自律的前提。很多人之所以无法形成自律，都跟他们无法长时间专注于一件事情有关。专注力的培养也是要从小开始的，尤其在这个充满诱惑的时代。首先，孩子在认真做一件事情（打游戏、看剧除外）的时候最好别打扰他；其次可以使用一些训练专注力的工具，如拼图、找不同游戏等，这些工具在一定程度上可以使专注力得到巩固和加强。

阅读习惯的培养也有助于提高专注力，除此之外，阅读也是孩子获取课外知识的重要途径。

开始阅读时，可以从孩子的兴趣入手。

在孩子的学习上，一些家长依然持有"学得多就能学得好""只要努力就能成功"的观念，事实上，很多成绩优异、学习得心应手的孩子并非只是一味地埋头苦学，而是他们掌握了一定的方法。换句话说，孩子缺少的并不是外在表现出的知识量，而是内在的学习能力，不会学，再多的知识再长的时间都无济于事。只有找到孩子在学习上的薄弱环节，对症下药，再将大的目标分解为一个个小目标，这样一步一步来，无须题海战术，孩子的成绩也能提高。

制定"反耍赖规则"的目的是让孩子能够按计划完成各事项，制定要点在于让孩子感觉到不耍赖是对自己有利的，尽可能写一些孩子比较在意的事情，比如一周内没有零花钱，取消迪士尼游玩计划等，一定要有足够的震慑力。还需要强调的一点是，家长不能出尔反尔，或者因为孩子的请求而妥协。

计划已经制定好，需要重视的问题也重视起来了，那么，如何才能让孩子坚持下去并最终形成习惯呢？

前提：跟孩子建立好的**亲子关系**，使沟通尽量顺畅；

必要条件：让孩子在学习上有**成就感**，在生活中有**自主感**；

具体方法：定期进行亲子活动、设置奖励兑换机制、将学习趣味化、设定难度逐级增加的小目标、规定边界……

在具体实施上，并没有固定的方法，家长们可以参考相关教育类书籍中的各类方法，但这些方法必须为两点服务，一是让孩子感受到趣味性，能产生"再做一次"的期待；二是，让孩子觉得他是自由的，是能够自己完成并且完成得很好的。

兴趣不是天生的，习惯的形成大都需要引导和训练，毫无疑问，自律的养成也很难，但是对比成人，孩子要容易得多。家长如果能够在孩子小的时候就注重培养孩子的自律意识，那么他就会逐渐适应并依赖自律的美好状态，从而在生活上、学习上都形成规律性、主动性。

如何培养孩子的自律性

1 管理好时间能让孩子更自律；
2 专注力培养是自律的前提；
3 制定"反要赖规则"，让孩子能够按计划完成各事项；
4 父母与孩子保持好的亲子关系，更有利于孩子自律性的培养。

第 2 节　记忆力演练，孩子越来越专注

村上春树曾说："没有专注力的人生，就仿佛大睁着双眼却什么也看不见。"而记忆力弱的人，即使看见了也会转头就忘得干干净净。

不知道是幸运还是不幸，专注力与记忆力这两种极为宝贵的能力偏偏还关系密切，是一对形影不离的好朋友。

一、越专注，往往记忆越深刻

相信很多人都有过这样的感觉，当我们沉浸于一件事情的时候，对这件事情的记忆就会更深更久；反过来，如果是在漫不经心的状态下，那么即使是自己身边的事物，或许我们也不会有深刻的印象。

著名科学家坎德尔宏伟巨作《追寻记忆的痕迹》中就对这一现象进行了深层的科学的解释：

有效记忆的形成除了通过新旧知识链接的方式，还有一条捷径。

当大脑从外界获取新的知识后，会根据人某方面的状态来判断它是否重要，如果判定为"重要"，大脑就会分泌多巴胺。多巴胺的作用除了让人有快乐的感觉外，也会让人的注意力更集中。

人的注意力一旦更集中，大脑就会识别这个知识，并认为它更重要，越是重要，越是愉悦，记忆就会越深刻，人也就越喜欢接收新知识。

从上述内容我们可以获得两个信息：**一是注意力（专注力）是记忆力的灵魂，也是学习上瘾的本质；二是有效记忆形成的过程是注意力（专注力）不断加强的过程。**

所以说，专注力是可以通过记忆事物来锻炼和加强的，专注力提升了，学习时的快乐就会增倍，那么喜欢上学习就是一件顺理成章的事情了。

到这里，家长们可能会问了，记忆事物还有方法吗？一般来说记忆不就是重复吗？重复读一篇文章，重复一件事情的流程，时间长了不就记住了吗？

二、单调无趣的重复反而会影响记忆效果

当然，记忆就是重复的累积，这点是没有错的，但是单调无趣的重复往往抓不住人尤其是孩子的注意力，这种情况下，外界的任何风吹草动都是强有力的诱惑因素。

前不久遇到一位朋友，聊着聊着我们便聊到了孩子。

朋友说："现在的孩子脑筋太活泛了，可不比咱们小时候。"

"脑筋活还不好，多机灵聪明啊。"我说。

"不全然是好事，就拿我家那个来说吧，让他记几个单词，背一篇文章，一整天都记不住，一会儿站起来说坐累了活动活动，一会儿说眼睛疼要拿个玩具缓解缓解，总之，十分钟都坚持不了，玩手机的时候可没听他说过累啊，眼睛疼啊。"

事实上，朋友的孩子之所以静不下心来学习，记不住东西，可以归为两方面的原因，一方面是专注力不够，另一方面是孩子面对的事物不足以吸引他的注意力，并不是朋友所说孩子思维太过活跃，这也是为什么玩游戏的时候孩子很专注，学习时却不行。所以解决问题的**关键在于提高孩子的专注力，同时提升孩子在学习方面对所记忆内容的兴趣。**

比如我们前面提到的，在孩子年龄较小的时候就可以通过拼图、找不同游戏等工具来锻炼其专注力，当然，也可以通过一些专业的记忆方法来锻炼。

三、神奇高效的"记忆宫殿"

在这里，介绍一种十分有趣的记忆方法，名字叫"记忆宫殿"。

很久以前，希腊有一位叫西蒙尼德斯的诗人。

有一天，西蒙尼德斯正在宴会厅跟众人朗诵他新作的诗歌，热情地赞美卡斯托尔和波拉克斯两位大神。当他读到一半时，两位大神突然现身把他叫了出去，谁知，西蒙尼德斯刚踏出大门，宴会厅就塌了。厅内的客人全被砸死了，血肉模糊，面目难辨，亲属们来了也都不知道该领走哪具尸体。而西蒙尼德斯却把尸体一一辨认了出来，他依据的是那些宾客在厅内的座位。

故事虽然有些玄乎，却说明了一个现象，那就是人非常善于记忆他所熟悉的场所。这一点通过自己的经历也可以得到验证。现在，你闭上眼睛，想象一个自己熟悉的场所，它可以是你的家，也可以是每天上下班的路线，甚至可以是你自己的身体，你是不是很轻松地便能说出其中标志性的物件，并且准确知道它在这个场所或者路线上的位置。

"记忆宫殿"的原理也正是基于此。当你觉得新内容或新知识很难记住时，比如，你学了十个名词总是记不住，那么当你将其放入自己熟悉的场景内，并让它们一一对应那些标志性的物件时，就会发现记忆它们其实并没有想象的那么难。

可以说，这些你熟悉的场所就是你的记忆宫殿，它可以为你储存和调取很多新接收到的信息。

如果我们把这种方法用在孩子身上，是不是也会有同样的效果呢？当然，孩子跟成人还是有区别的，比如，很有可能他并不会觉得将学习内容与生活地点结合起来是有趣的，那该怎么办呢？

事实上，充当记忆宫殿的场所范围是很广泛的，不一定非得是日常生活中的场所，甚至不一定是实体场所，对于孩子来说，我们还可以使用游戏中、动画片中的场所，只要是他们熟悉的、印象深刻的场所就可以。

那么，具体该怎么操作呢？我们用一个案例来说明。

美好的周末到了，可是西西一点都不开心，因为老师留了她最讨厌背诵作业，并且不仅有语文古诗，还有英文单词。

　　老师还说了，如果周一上课时谁背不上来，就要到讲台上表演唱歌。西西这个音痴，自然不想登台献丑，于是就这般愁眉苦脸了。

　　妈妈忙完了家务走过来，正碰上西西快皱成一团纸的小脸，"你怎么了西西？作业这么难吗？"

　　"妈妈，我背不会啊……"

　　妈妈听了宠溺地笑了笑，说道："妈妈有个记忆魔法，你要不要试试？"西西一听马上来了兴致，虽然她知道并没有什么魔法，但还是很好奇。

　　"西西，请闭上眼睛，说出脑海里浮现的、你最喜欢并且熟悉的地方是哪里？"妈妈问道。

　　"我经常看的那个动画片里公主的宫殿。"西西回答。

　　"好，假如现在公主邀请你去参观她的宫殿，你来选择一条你最喜欢的路线。"妈妈又说。

　　西西想了一会儿回答道："嗯，选好了。"

　　"现在请你开始移动，你第一个见到的物品是什么？"妈妈问。

　　"是一幅很大很美的照片，上面是公主和她的小熊在草地上玩，周围还有好多可爱的鸽子。"

　　"再继续走呢？"妈妈问。

　　"是一段很短的楼梯，尽头是一面缀满玫瑰的镜子。"

　　"继续。"

"一条粉红色的长长的走廊，墙壁上有好几个洞洞。"

"洞洞里面都有什么？"

"第一个洞洞里有一只小花猫，它的房间是白色的，像云朵一样。"

"第二个……"

……

待西西全部"走完"并说出一系列她印象深刻的事物后，妈妈说道："接下来，请重复刚才的路线再走几遍，将那些特征明显的事物写在纸上，直到那些场景深深地印刻在你的脑海里为止。"

西西重复完毕后，妈妈又随机抽取了几个场景验证了一番，才接着开始下一步。

"恭喜你，现在你就是这座宫殿的主人了，你可以好好利用它了。现在把你要学习的第一个单词'happy'和路线上的第一个物品联系起来，提示一下，'happy'的意思是幸福快乐。"

"啊，我知道了，看公主和小熊的笑容，她们是 happy 的。"西西思考了一会儿兴奋地说道。

"好，现在请你把 happy'印'在照片上，和公主、小熊'融为'一体。"

西西皱着眉头好一会儿终于露出了笑容，"好，接下来的单词都按照这样的方式，将刚才你写下来的场景和要记住的东西结合起来。"

在西西将所有单词都放进合适的场景后，妈妈说道："现在让我们开始参观你的记忆宫殿吧！当我们走进来，看到了公主和小熊，她们……""她们很快乐，'happy'h-a-p-p-y。"没想到西西都学会了抢答。

"接着是一面玫瑰镜子，它……""它很漂亮，照出来的人也很美，'beautiful' b-e-a-u-t-i-f-u-l。"

……

用这样的方法，没过多长时间，西西就将所有的英语单词都记住了，而且记得特别牢，妈妈随便提问，她都能快速回答上来。

西西顺利通过了周一的"考核"，这让她对自己的记忆宫殿越发喜欢了。现在，西西已经为自己建立了好几种不同类型的"宫殿"，每当有难以记忆和背诵的内容时，她就会打开宫殿的大门，让这些陌生的客人进来好好"做做客"。

通过上面的例子，我们可以总结出用"记忆宫殿"记忆的一般步骤：

1. 选择你的宫殿；

2. 确定一条参观路线并进行虚拟漫步，列出明显的特征物；

3. "大量练习"你的路线，在纸上写下选择的特征物，把宫殿牢牢印在脑中；

4. 将宫殿的特征物与你要记忆的东西建立联系，使之无限贴合；

5. 参观自己的宫殿，它也是检验你记忆的过程，要做到当看到途中选定的特征物时，就会瞬间浮现出要记的知识或内容。

毫无疑问，这些步骤中第四步是最重要的，是整座"宫殿"的支柱。同大部分的记忆增强方式一样，记忆宫殿法也是通过形象化的联想来起作用的。

形象化的联想，即先选择一个已知的图像，这称为记忆挂钩，然

后将其与被记忆的要素结合起来。对记忆宫殿来说，一个记忆挂钩就是我们找出来的一个明显特征物。

《改善记忆：讲你大脑的语言》一文中曾提到形象化联想的正确方式：

疯狂的、滑稽的、讨厌的、不同寻常的、超凡脱俗的、生动的、荒谬的……总之，就是那些容易被记住的东西，不是吗？把场景营造得独一无二，或许它在真实生活中永远不会发生。唯一的规则：乏味就是错。

也就是说，**联想的诀窍就是营造有趣的、荒诞的、特别吸引人的、让人印象深刻的虚拟场景**。在所有条件都一致的情况下，场景越独特，就越容易记住要记忆的东西，由此形成的记忆也会越深刻。

相较而言，孩子的想象力要比大人丰富得多，所以在这一点上，孩子使用"记忆宫殿"是有很大优势的。

另一方面，当孩子掌握了这种方法后，会很容易从前向后、或从后向前进行复述，而每一次复述都是一次专注于记忆演练的过程，会使孩子的专注力得到锻炼。

除了"记忆宫殿"外，还有很多可以让孩子提高记忆力的方法，其中大多数也都运用了形象化联想的原理。通过这样的记忆演练，孩子不仅记忆力会得到提升，同时也会越来越专注。

记忆有诀窍，关键在联想

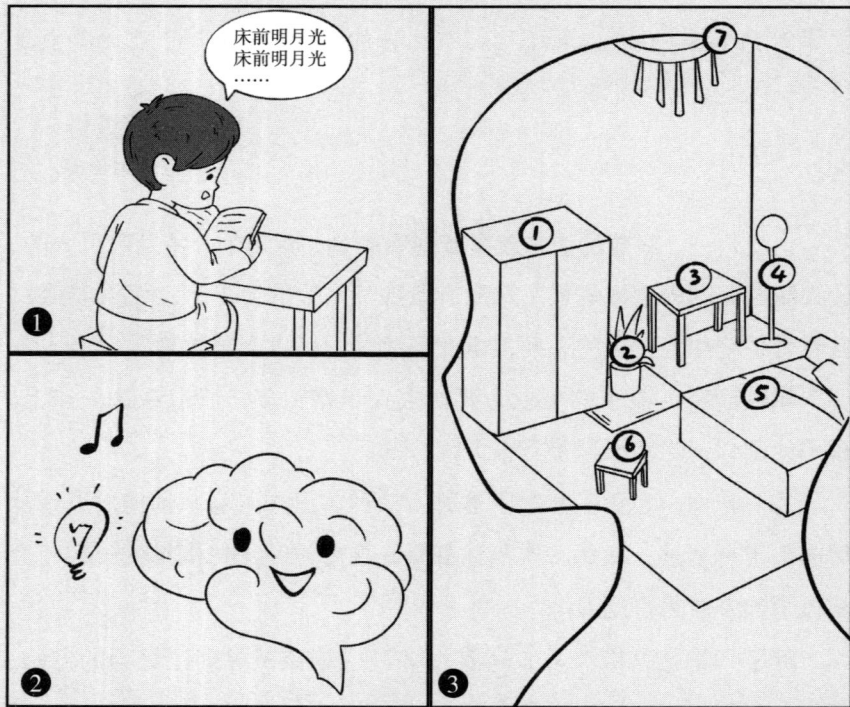

1 单调无趣的重复会影响记忆效果；

2 大脑喜欢生动有趣、让人印象深刻的东西；

3 "记忆宫殿"可以有效提高孩子的记忆能力。

第 3 节　动机驱动训练，让孩子真正做到自主学习

几年前，有一篇关于北大学生"空心病"的文章，其中有这么一段话至今让我印象深刻：

北大一年级的新生，包括本科生和研究生，其中有不少厌恶学习，或者认为学习没有意义，还有的认为人生没有意义，活着只是按照别人的逻辑这样活下去而已，其中最极端的人甚至想要放弃自己。

什么是"空心病"呢？其实就是字面的意思，感觉内心空虚，生活没有意义，这个词是由北大心理健康与咨询中心的老师提出来的。

为什么会这样呢？文章给出的解释指向了教育方式，认为一些学校、家庭在教育上过度追求成绩、分数，而忽略了孩子的兴趣、内心需求：

这样的教育观培养出来的同学，已经完全被训练成分数的奴隶，不知道自己为什么要活着，只知道高的分数可能获得奖赏，获得成就

感，获得别人无法得到的东西。

从心理学的角度看，这种情况很大程度上是内在动机缺失的结果。

内在动机指的就是人内在的需求、动力、计划以及充当目标或动机的外部对象或情况，通俗点说，就是一个人做一件事情的内部动力。

有"内"就有"外"，与"内在动机"相对应的就是"外在动机"，指的是影响人做出某种行为的外在动力，包括他人的期望、物质奖励、获得某种优越感等。

一、过分强调外在动机问题大，加强内在动机是关键

我们去做一件事情或发生某种行为时，都离不开动机驱动，**但若过分强调外在动机，就会使得内在动机受到损坏，让人患上"空心病"，更严重的还会发展为"工具人"。**一旦到了这样的地步，人就很可能形成两种状态，一是由于对外在奖赏的依赖日益加深，但又不能事事达到外界所期望和要求的样子，而开始不断否定自我，变得自暴自弃，觉得人生昏暗，没有意义，进而失去了继续下去的动力；二是将他人想法当成自我规范或一种不得不遵守的命令，认为自己就是为实现这些目标而活，进而成为"工具人"。

这两种未来，肯定都不是家长所希望的。那这是否意味着应该去除外在动机、只用内在动机作为调节行为的手段呢？

并不是。一方面，内在动机并不是那么容易就能产生和控制的，另一方面，外在动机并非全然是坏处，很多时候人们在做一件事时往往离不开外在动机的激励作用，并且只要运用得当，外在动机可以激发或服务于内在动机。

《内在动机》一书中就说道：

"外在激励确实有可能不伤害内在动机，但前提是将金钱奖励当作对付出的认可和感谢，而非当作一种激励手段。"

这是什么意思呢？举个例子来看。

期末考试快到了，你的孩子进入了紧张的复习阶段，你知道孩子平常的学习成绩并不是特别好，为了给孩子更多动力，你打算使用一些物质奖励。

你可以跟他说："如果这次你能考进全班前十，我就给你买那双你一直很喜欢的运动鞋。"

你也可以说："如果你这次考试进步了，为了肯定你的努力，爸爸妈妈会把你一直以来都很想买的那双运动鞋作为礼物送给你。"

这两种说法看似都是为了让孩子取得好成绩而说的，但其实是有区别的。**第一种说法，直接将成绩与奖励挂钩**，其实是在用一种控制的手段让孩子做某件事情，长此以往，就**会破坏孩子的内在动机**，即他好好学习就是为了奖励，一旦奖励消失或者不符合预期，他就会失去学习的动力。而**第二种说法，强调了对孩子努力和付出的认可，会让孩子觉得他所做的是有价值的**，因此不会对内在动机造成影响。

所以，**最好的方式就是让内在动机和外在动机协调配合**，这样才能做到既不伤害孩子内在的生机和活力，又能最大可能地激发他做事的动力。

还有一点，家长们也需要知道，那就是动机与专注力也存在密切联系。心理学领域将人做一件事情的专注力形成分为了两套神经系统，一套是"自上而下"，一套是"自下而上"。

"自下而上"形成的专注力对应"本能驱动"，也就是说你不需要做什么也能集中注意力，做这件事情的时候也不用多努力，比如打游戏、看电影的时候。

"自上而下"形成的专注力对应的则是"动机驱动"，它不仅需要克服内心的懈怠、外在的诱惑，还要时刻提醒自己，使自己处于一个积极的环境中，这就需要极强的动机，否则是很难做到的，比如做难题、学英语、锻炼身体等。所以在这些事情上，就要使用内在动机和外在动机相结合的方式，以此来激发人持续、长期进行下去。

事实上，除了动机，人去做一件事、发生某种行为还有另外两个非常重要的影响因素，它们分别是能力和触发条件。

换句话说，**任何一种行为的发生，都需要同时满足以上三个要素——人们需要有产生行为的动机、能够实施行为的能力，以及一个合适的触发条件。**

举个例子，你一直以来都想换个发型（这是动机），今天你出门的时候恰好发现有个理发店在打折非常划算（这是触发条件），你打开支付宝看见这个月的账户里还有很多钱（这是能力），于是马上高高兴兴地进去做了头发（事情发生）。

动机、能力和触发条件三者对于人开始做一件事情以及这件事情发生的频率高低都起着决定性的作用，三者相辅相成，相互依赖，缺一不可。

二、动机驱动训练，让孩子的英语水平飞快提升

明确了以上内容，我们就可以在孩子学习方面进行动机驱动训练了，下面就以学习英语为例来作具体说明。

明明最近很烦恼，他不明白为什么一定要学好英语？他对英语没什么兴趣，可爸爸妈妈总是一遍遍跟他念叨英语怎么怎么重要，他听得耳朵都快起茧子了。

这一天，妈妈神神秘秘地拿了一包东西回了家，还把隔壁的小胖带了过来。

明明最不喜欢小胖了，因为小胖的英语特别好，每次妈妈都会拿他跟自己比较，然后把自己说得一无是处。

"你来，明明，看我和小胖给你带什么好玩儿的了？"妈妈喊道。

明明极不情愿地走了出来，嘴里嘟哝着："还不又是英语……"

然而，妈妈接下来的举动却让明明大吃一惊："今天上午，你就跟小胖一起看他带来的电影吧。"说完，就将那个神秘的袋子打开了，从里面拿出了一个形状有些奇怪的电脑和两副 3D 眼镜。

小胖接过电脑轻车熟路地打开了一个影片，那是明明没有看过的电影，但一看片头他就被吸引住了。

电影里的场景好像真实场景一样浮现在明明眼前，里面的人说话时就好像在跟明明对话一样。明明往常只有在电影院才会体验到这种感觉，在家里还是第一次。

明明正想着怎么让妈妈也给自己买一台这样的电脑时，突然听到小胖叽里咕噜不知道在说什么，但能听出来是很流畅的英语。原来，小胖看电影看到了激动之处，忍不住跟着主角一起喊出了台词。

别看明明平常很讨厌小胖，但这一刻却非常羡慕他。他们俩看的是英文电影，明明每句话都要盯着字幕看，有点费力，可小胖不仅不用看字幕，还能这么自如地说出台词，明明心里能不"眼馋"吗？

"哎，小胖，你英语怎么学得这么好？"看完电影，明明忍不住问道。

"其实啊，挺简单的，你别把英语想得太难太没劲了，我就是玩着学的，就像今天咱们看电影这样。你等着啊，我给你找个更有趣儿的。"

只见小胖三下五除二，咔咔咔打开一个文件，里面出现了一个带着黄帽子的小孩。小胖让明明站起来，再把眼镜戴上，明明一戴上，眼前就出现了刚才的那个小孩。

"How are you？"小黄帽伸着手说道。

"额……嗯……"明明不知作何回答，小胖在一旁着急地催促："快点，你也说一样的啊。"

"好……How……are you？"明明终于说了出来，小胖也高兴地鼓起了掌："现在，小黄帽就是你的好朋友了。"

"What is your name？"小黄帽又说话了。

"My name is Mingming." 回答了一次后，明明显然大方了很多。

看完小胖的电脑，明明赞不绝口，这时候小胖又说："其实啊，也不用完全依赖电脑，你还可以跟自己对话，把自己当成两个人，也可有意思了，不信你看我。"说着，小胖就开始自己一人扮演刚才电影里面的两个主角，用英语流利地说起了台词。

"有时候你在外面一开口，别人都投来羡慕的眼神，这种感觉也很不赖。总之，学英语还是很有趣的。"小胖回家前这么跟明明说道。

经过和小胖一上午的相处，明明觉得英语真的还挺有意思的，于是也央求妈妈给他买一个小胖那样的电脑，他自己也保证好好学。

"为了学英语买一台电脑当然可以了，但是妈妈有一个条件，你得让妈妈看到你的决心。"妈妈说道。

"我要怎么做呢？"明明问。

"这样吧，如果你能在一周内掌握50个新单词和十组日常对话，我就让爸爸给你买一台电脑。"

"好的，说话算话哦，妈妈。"

"当然，一言为定。"

这之后的一个星期，明明就像变了一个人一样，对英语突然来了兴趣，还和小胖成了好朋友，有事没事就找小胖来指导他。明明妈妈也悄悄地在家里的各个地方都摆上了和英语相关的物品，英语童话书、英语海报、英语漫画……而且她和明明爸爸休息时也会学一学英语。

有一次，明明放学回来本来打算出去踢球的，结果听见爸爸念英语单词念错了一个，他就很热心地过来指导爸爸，结果爷俩一起学习了一个多小时。

终于，一个星期过去了，明明超额完成了妈妈布置的任务，也如愿获得了电脑。这之后，虽然没有了电脑的激励，但明明对英语的兴趣却更浓厚了，因为他觉得会说一口流利的英语是一件非常棒的事情，不仅仅局限于好成绩带来的快乐。就拿上一次来说，他和几个同学在放学路上碰见了一位外国人问路，只有明明听懂了并且帮助了他，明明别提多有成就感了。

上述明明学习并爱上英语的过程，阐明了动机驱动训练的步骤：

1. 首先，一定要保证孩子对你想让他做的那件事感兴趣，没有兴趣就努力找各种方法激起他的兴趣；

2. 兴趣产生之后，要引导孩子进行基础内容的学习；

3. 在孩子学习的过程中进一步给予激励，包括精神激励和物质激励；

4. 渲染浓重的氛围，就像明明妈妈一样使家里的每个角落都布满英语的痕迹。

在动机驱动训练的过程中，我们一定要识别内部动机和外部动机，并科学使用它们。像兴趣一类的因素是孩子内在动机的重要组成部分，此后的物质激励（礼物、奖品）和精神激励（赞许、羡慕）等属于外在动机，父母在利用外在动机激发孩子时，可以将其与孩子的付出、努力联系起来，从而提升内在动机，使孩子保持源源不断的活力。

明明妈妈为什么一开始不答应明明的请求，而是让他先学习一段时间呢？这其实是提升能力的过程。

上面提到过，想要提高某个行为的发生频率，就需要确保人有足够的能力去实施这个行为。**提升能力的方法有两种：一种是通过训练不断提升自我；另一种方法就是降低行为的难度，简化目标行为。**例子中这两种方法都用到了，明明学习基础英语是提升自我，请小胖指导、运用各种工具是降低行为难度。

动机和能力两个条件都满足了，剩下的就是触发条件，家里到处都是英语的痕迹：各种英语读物、学习英语的爸爸妈妈……这些环境渲染都是触发事物。著名语言学家克鲁姆说过："成功的外语课堂教学应该是为学生创造更多的情境，让学生有机会使用自己已学到的语言材料。"

想象一下，一个对英语有着浓厚兴趣，享受到了学习英语的快乐，并且已经掌握了一定英语基础的孩子，回到家里随手一触碰就是英语类的东西，他能不拿起来就学吗？这样孩子爱上英语并主动学习英语的概率是不是会更高呢？

事实上不只是英语，任何一门学科，任何一种内容，只要能做到以上几点，就一定能让孩子学到"上瘾"而停不下来。

内外动机相配合，孩子才能更自主

内在动机和外在动机协调配合，孩子才能更自主。

第4节　学会总结，让孩子成为知识的主导者，　　　　而非被动接收者

周末，朋友邀请我去她家做客。

我到时，她正在沙发上躺着看杂志，她的女儿兰兰则在一旁写作业。

朋友要跟我聊天，害怕打扰到孩子，就让兰兰到里屋去写了。

"兰兰真是乖巧。"看着小女孩拿着一堆作业默默走出去的背影，我忍不住夸奖道。

"乖巧倒是乖巧，可就是这作业啊愁死个人。"朋友听了哭笑不得地说道。

"什么情况？"我好奇地问。

"一会儿你就知道了。"朋友一副让我"瞧好"的样子。

我们俩有一搭没一搭地聊着，不知过了多久，兰兰终于写完了她的作业，拿着书本出来准备收拾好了放进书包。

"先给妈妈和阿姨看看你的作业再放，好吗？"兰兰妈妈说道。

兰兰不情愿地递了过来："看可以，但不许点评。"我没想到刚才看起来那么文静的小女孩居然说出了这样的话。

"好好，知道了，肯定不说你。"朋友无奈道。

打开兰兰的作业，映入眼帘的是好几个红艳艳的叉号，有的还标注着老师的批语"讲过好几次了，上课请认真听讲！"

"这是怎么回事？"我问。

等兰兰进了自己屋，朋友才小心翼翼地说道："这孩子不知怎么回事，同一类型的题能错好几遍，看看老师的批语，哎……"

"兰兰有没有做课堂总结的习惯？就是每天把每学科讲的知识整理回顾一下。"我问。

"你一提这个我就更气了，我说过很多次，让她每天把老师讲的内容好好消化一下，可她就是不听，哎！"朋友很无奈地说道。

提到"知识总结"，很多人都会将其理解为知识的梳理，事实上，对知识进行梳理的最终目的是查漏补缺，进而获取有价值的经验——失败的经验、解决疑难问题的经验等，从而培养举一反三的能力。

会议需要总结，工作需要总结，学习也不例外。不管是工作中的学习、生活中的学习，还是纯粹课本上的学习，都离不开总结，学习需要通过不断总结来提高。可以说，总结是一种不可忽视的学习方法，更是一种智慧，是普通人与高手之间的真正差距。

几千年前，孔圣人的学生曾子就曾说出"吾日三省吾身"的至理名言，很多人将其归为自我反省，其实这更是一种自我总结，总结包含着反思，是对学习、为人处世的系统梳理与认识，以便从以往的经历中发现自我的不足之处，进而在以后的学习与生活中引起重视。

可是，当下很多人都不重视总结，也根本没有总结的意识，成人尚且如此，更别说孩子了。那么，怎样才能让孩子开始并喜欢上做学习总结呢？

一、一学就会，一做就错，跟未做课堂总结有关

"你单靠这样嘴上督促，孩子当然不听了。你想啊，她上了一天课好不容易下课了，结果回到家你让她再'上一遍课'，她能乐意吗？"我说。

"那该怎么办啊？"朋友问。

"关键在于你别让她觉得是在回顾枯燥的知识，要想办法让总结变成一件很有趣很好玩的事情。"我说。

"你说得简单，做起来可就难了，你是不知道我家这口子是多么难伺候。"朋友摇了摇头。

"那我给你'演示'一番？"我说，得到朋友的同意后，我用一个形状怪异的手机挂件将兰兰吸引了出来。

"兰兰，你知道阿姨这个挂件是从哪儿买来的吗？"

"当然是商店了。"兰兰笑嘻嘻地回答道。

"真聪明，那你知道是哪里的商店吗？"我又问。

兰兰摇摇头："商店那么多，我怎么会知道啊。"

"这是那天啊，阿姨带了三个小朋友出去玩，在一个公园的商店他们看到这个挂件后都想要，阿姨就给他们每人买了三个，自己买了一个。如果兰兰你是我，想想看你一共买了多少个呢？"

兰兰想了一下说道："10个，3×3，再加1。"

"答对了，兰兰真棒。那阿姨升级一下难度再考考你。"我说，"如果买了17个玩偶，兰兰来替我给他们分，应该给每人几个，你自己最后还能留下两个呢？分的时候一定要公平，不能有多有少。"

兰兰听完，脸上露出了难色，这其实就是她反复出错的那种类型的题。

"兰兰是不是觉得有点难啊，没关系，我们再回到之前的题目，一共10个，每人3个，你自己1个，那三个小朋友共有多少个呢？"

"3×3=9。"兰兰有些迟疑地说了出来。

"对！就是这么算的。"我给予了肯定的语气，"那兰兰想想，是不是也可以列成10-1=9呢？"

"嗯。"兰兰点了点头。

"这样，我们回到后面的题目，要让你自己留2个，是不是先把这两个去除，剩下的就是小朋友的呢？怎么列算式呢？"

"17-2=15。"

"这15个是分给小朋友的，所以每人应该是……"

"5个，一共是三个小朋友，15除以3等于5。合起来就是（17-2）÷3=5个。"兰兰兴奋地说道。

"答对了！兰兰真是太棒了，阿姨考了兰兰两次，兰兰都答对了。"我说着话锋一转，"那兰兰能不能把这道题再转换个形式，也来考一考阿姨呢？"

"嗯……有了。"兰兰思索了一下说道，"这次来计算我自己剩下了几个。假如我买了 31 个，给三个小朋友每人 7 个，那我自己还剩几个呢？请阿姨作答！"

"这个有一点难啊，还请兰兰老师给点提示。"我故意说道。

"我们知道的是每个小朋友 7 个，那一共几个小朋友呢？"兰兰有些得意地给我讲起了题。

"哦，我知道了，每个人 7 个，一共 3 个人，所以分给小朋友的是 7×3=21 个，剩下的 31-21=10 个是给自己的。"我假装恍然大悟道。

"是的，答对了。"兰兰高兴地说。

"兰兰小老师真是厉害，现在，我们是不是可以解答练习册上的错题了呢？"

"这道题好像跟我上面说的第二种情况是一样的。"兰兰看着错题琢磨了一会儿说道，"都是先减去一部分，然后剩余的部分平分。"

"没错，看来兰兰已经真正掌握这个类型的题目了，真是太棒了，以后再遇到这种类型的题你也不会出错了。"

"嗯嗯，阿姨。对了，我好像还有一道题也经常错，我们继续分析一下这道题好不好？"大概是做对题的成就感激发了兰兰的热情，她竟主动提出了继续学习，这也让兰兰的妈妈大吃了一惊。

在学习中，到底怎样才算"学会""掌握"？其实很多时候，我们对"学会""掌握"的标准理解有所偏差，我们总觉得会背了、会读了、能解答出来了就是学会了，其实不然，这种学会只是一时间熟悉后产生的错觉，它经不起深入追问。细细思考，我们便会发现自己其实并没有真正理解所学知识，所学知识并没有成为大脑记忆的一部分，只要"热度"一过去，我们准会忘光它们，更别提灵活运用了。

孩子在课堂上听讲时觉得自己学会了，课下一做题就错，也是属于这种情况。课堂上，在老师的引导下，孩子思路十分清晰，觉得问题很简单，实际上他很可能没有完全理解，或者说他的理解是依赖于老师提示的，一旦失去老师的引导，他的思路就会模糊起来。

这时候，总结就显得尤为重要了。

总结就是回顾和反思，回顾所讲的内容，找出遗忘的或不理解的部分，反思在实际应用时遇到的问题，思考不同的形式转换。

二、场景训练，让孩子爱上做课堂总结

了解了总结的重要性以及总结的要点外，我们还需要注意一点，那就是家长要引导孩子做总结。让孩子单独做总结会存在一些问题：一方面，孩子很可能会因为能力方面的问题而无法完成总结；另一方面，孩子很少会主动去总结或者他们不会很认真地去做。所以，家长的陪伴和引导是必需的，待孩子养成总结的习惯，并掌握一定的总结方法后，家长便可以适当放手慢慢让孩子自己去总结了。

并且，不仅要和孩子一起，还要挑起他的兴趣，就像例子中的"我"一样，可以用场景塑造的方式让孩子身临"题"境，以第一人称的视角进行分析解答。

这种方法叫"情境教学法"，也是学校教学中常用的教学方法之一。

客观地说，这种方法在家庭教育方面更有优势。

首先，限制较小。父母和孩子使用这种方法时不必考虑时长、情节设计、纪律管控等问题，开展起来比较简单随性，可以自由发挥，怎么有趣怎么来，这样更能调动孩子的热情。

　　其次，可以借用更多道具，营造更加浓厚的气氛，比如涉及动物时，可以借用动物玩偶、图片，甚至还可以直接 Cosplay，这样能使孩子更"入戏"。动手能力强的家长，可以根据需要和孩子一起制作切合主题的道具，比如物理中的摩擦力、杠杆、简易电路等，我们都可以借助道具来与孩子一起进行知识总结。

　　值得一提的是，相比于理科类的应用型问题，情境教学法更适合语言类学科的教学。就拿英语来说，创设或模拟生活场景让孩子进行口语、单词练习以总结单词、句子的学习情况，是非常简单又行之有效的。场景化训练不仅有接近生活的交际功能，而且能变单调、机械的句型操练为活泼、生动的交际性练习。

　　没有总结的学习就是被动学习，而善于及时总结的学习才是主动学习。和孩子一起将每天、每阶段学习的内容以场景的方式进行回顾、反思、训练，这样的总结是孩子喜欢的，也是最能产生效果的。让孩子爱上课堂总结，将比孩子埋头苦学却找不到缺漏强上百倍。

　　总结是一个整理、提炼的过程，也是一种消化吸收知识的好方法，无论是工作、学习，还是生活，适当地回顾过去，对某一阶段的经验和教训进行总结是十分有必要的，这既是对过去的反省，也是为了更好地开拓未来。

学会总结，让孩子成为知识的主导者

1 父母要引导孩子多去总结；
2 场景化训练让孩子爱上总结。

后 记 对于成瘾问题，预防比问题出现后再去解决更重要

本书介绍了孩子成瘾行为背后潜藏的各种原因，介绍了帮助孩子解决上瘾问题的具体方法，也介绍了让孩子积极上瘾、学习上瘾的方法，这些内容足够帮助父母认识孩子的成瘾行为，并从中找出合适的方法，帮助孩子戒除不良的成瘾行为。

除了这些内容外，还有一点我没展开说，但又十分重要，那就是对于成瘾问题，预防更重要，而预防孩子成瘾，最好的方法就是父母的陪伴。从本质上讲，父母对孩子的关爱和陪伴能够充盈孩子的内心，它是让孩子远离成瘾行为的良药。

当孩子与某些成瘾行为走得越来越近时，他们与父母的距离也会越来越远。如果父母能够在孩子很小时就给他们足够的关爱与陪伴，便会拉近自己与孩子的距离，这样，那些成瘾行为就会被关爱与陪伴所替代。

当孩子觉得父母及身边的人不值得信赖或依靠时，他便会另外去寻找可信赖、可依靠的物质或行为。当孩子对某种物质或行为产生持

久性依赖后，他便更容易对这类物质或行为成瘾。

具有成瘾行为的孩子多少是有些叛逆的，这也与缺少家人的关爱与陪伴有关。我遇到的许多别人眼中的"问题孩子"，其实都没什么问题，甚至他们的内心要比别人更温暖。他们只是太缺少关爱和陪伴了，在他们那还不算漫长的人生旅程中，获得的来自父母的关爱与陪伴实在是太少了。

我曾在一所寄宿制学校待过一段时间，主要是帮助朋友给班里的孩子做心理辅导，同时也为了完成一个关于青少年心理建设的调研。这所学校的孩子并不能完全算是留守儿童，但与父母接触的时间也不多，其中还有一些在单亲家庭长大的孩子。在这些孩子中，有一个小女孩引起了我的注意。

她是个很漂亮的小女孩，给人一种"清水出芙蓉"的感觉，不用打扮就很精致。但这个小女孩很奇怪，她很爱化妆，即使学校明令禁止，她也要偷摸画，每次卫生检查，都会抓到她。

老师让她写过检查，也和她父母谈过话，结果都没用。用孩子父母的话来说，这孩子是着了魔了，画得不好看还瞎涂瞎抹。

我并没有为她做心理辅导，只是与她简单聊过天，这孩子从小跟爷爷奶奶生活，父母常年在外做生意，在那个小县城也算是衣食无忧了，在其他方面，她表现得跟正常孩子一样，但就是爱化妆这一点，真就像着了魔一样。

那她为什么爱化妆呢？因为这样可以让自己更好看，让别人更关注自己一些，会更有安全感。这个逻辑是很奇怪的，一时间我也没搞明白她的意思。在随后的聊天中，我才明白，孩子只是想让父母多关注自己。

将孩子行为成瘾的责任全部归罪在父母的关爱与陪伴不足上，似乎有些太过严苛。没有哪个父母不爱自己的孩子，但在关爱孩子的同时，他们还要承担起自己在家庭中的责任、在社会上的责任。

但谁让我们是孩子的父母呢？再大的困难我们也要面对，或许金钱真的能够帮助我们解决很多问题，但在家庭中，在亲子关系方面，它却很难发挥作用。在青少年行为成瘾问题上，前面提到的各类方法的使用都需要建立在良好的亲子关系上。

没有哪个父母不关爱自己的孩子，但关爱的方式是否正确，却不是外人三言两语能够说清楚的。在这件事上，孩子是最有发言权的，如果孩子对父母的"关爱"有所抵触，那父母就要好好找找原因了。

多给孩子一些关爱与陪伴，会让孩子的内心充盈，进而拉近孩子与父母的距离，这才是防止孩子行为上瘾的最坚实的壁垒。